超エギング思考法

生きない経験、
報われない努力にサヨウナラ

富所 潤

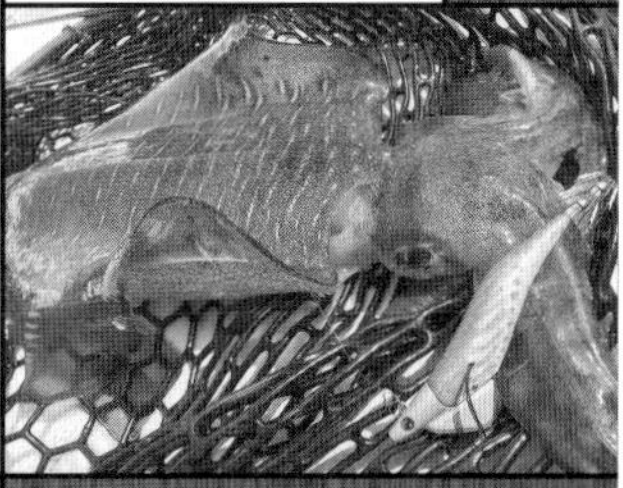

つり人社

はじめに

本シリーズは、最初に釣りとの出会いについて触れている著者の方が多いようです。小生の生い立ちなど取るに足らないものなので、ここでは「餌木の生い立ち」を書いてみたいと思います。

エギングという用語が世に出て20年以上が経過しました。すでに海外でも〝egiing〟は認知されており、日本発祥のルアーフィッシングの代表ともいえる釣りとなりました。

さて、そのエギングですが、歴史を紐解《ひもと》けば餌木を使ったアオリイカ釣りはもっと過去までさかのぼります。餌木の発祥はなんと300年前の鹿児島県の南西諸島。夜、沖に出た漁師のタイマツのカケラが海に落ちた際、アオリイカがその黒焦げのカケラを抱きに来たのが餌木の原点ともいわれています。さらにエサを使わない釣り（いわゆるルアー釣りそのもの）も餌木が世界初ではないかという意見もあるようです。たとえば代表的なルアーフィッシングの地、アメリカ。この国が建国されて200年しか経っていないことを考えると、実はルアーの発祥は日本なのかもしれません。まだまだ分からない、面白いことだらけです。

そして、餌木のすごい事実がもう1つ。それは、300年前から使われ続け、時代と共にタックルも進化し、情報も世界で瞬時に共有できる時代になったにもかかわらず、いまだにイカを釣るのに餌木を超えるものは現われていないということです。

餌木が作られた当初は魚型と呼ばれるバイブレーションのバケモノみたいな形をしていました。これは鹿児島の南西、大きなアオリイカが生息する奄美で発展したと考えれば分かりやすいでしょう。そして、鹿児島本土に渡る際、時代・場所と共に徐々に小さく使いやすい形にシェイプアップしていきました。これが「細魚型」です。現在使われている釣り人が使う餌木は、最終的に「大分型」に代表されるようなエビを模したスリムな流線形に落ち着きました。

かつての餌木は浮くものが多く、船で曳《ひ》くことによって沈下させて使いました。現代の餌木とは全く逆の考え方だったわけです。またこの時代らしい悩みもあり、それは餌木が木で出来ているため、海水を吸って沈んでしまうことだったようです。しかし、もしかするとそれが釣果に好影響を及ぼし現在の沈むタイプに変わったのかもしれません。

模様の変遷も非常に面白く、最初は真っ黒だった「黒塗り」から、明治の時代に熱した金属で焼き模様を入れた「模様塗り」に変わり、最終的には大正の初めに削りだしの無垢《むく》模様の「白焼き」になりました。現代の布巻きはそれ以降、大正に入ってからのものということになります。つまり我々の祖父の時代からです。実は布巻きは100年足らずの歴史でしかないのです。

時代が進むにつれて布巻きは定番となり、昭和の時代に一部のイカ釣り用の漁具としての役割を果たしました。そして平成に入るとゲームフィッシングの要素を色濃く反映した「エギング」が出現。時代の流れに乗り一気に日本中、いや世界中に広まるに至りました。船用の餌木を岸からも釣りやすいようにキャスト性能を追求し、よりルアーに近いカラーバリエーションを付加し、餌木そのものがアングラーを虜《とりこ》にしていきました。

その後、僭越《せんえつ》ながら小生が「スパイラル釣法」と名付けた船からのエギングを発明・確立（漁師の曳き釣りとは異なる船から攻める釣り）。それに合わせて専用餌木を発売すると、各メーカーからも製品が発売され、船からのエギングは「ティップラン」と名前を変えて現在に至ります。

さて、令和の現代はいつでもどこでもあふれるほどの情報にアクセスできます。しかしどんな動画を見ても、どんな情報に触れても一向に釣果が伸びないという人がたくさんいます。それはなぜでしょうか？　今回本書を執筆するにあたり、エギングにおいて当たり前かつ実践的な内容を皆さんにお伝えできればと思います。
※本書では断りがない限り、アオリイカは日本で最も多く分布するシロイカ系を前提としてお話します。

CONTENTS

あなたが釣れない理由を徹底解剖！

I 春イカを制す

II 秋イカを制す

III ティップランを制す

イラスト　廣田雅之
本文ＢＯＯＫデザイン　佐藤安弘（イグアナ・グラフィックデザイン）

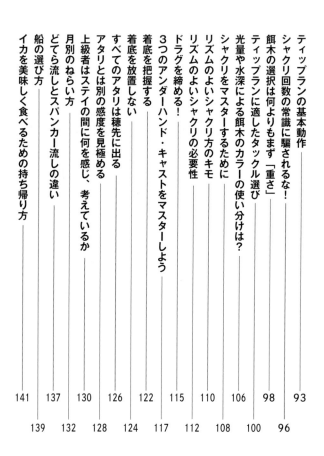

あなたが釣れない理由を徹底解剖！

さて本書は『エギング超思考法』ということで、中級前後レベルのアングラーが壁を破るための内容になっています。読んだらぜひ釣れるようになって欲しいのですが、**中級前後のアングラーと、その壁を破ったアングラーの一番の思考回路の違いはなんでしょうか？**　それは、現状認識の差です。壁を破って上級者への道を歩みだしたアングラーは例外なく現状認識に優れています。

「なぜそうなのか？」
「どうしてそうなるのか？」
「自分はできているのか？」

この「なぜ？」をうやむやにせず、徹底的に調べることが重要です。そして自分を冷静に、時に厳しく客観的に見ることが出来るアングラーこそが上級者なのです。

「エギング」と一言でいっても実にさまざまで、1つの釣りにまとめることがそもそもの間違いの始まりです。しっかり頭を整理してください。では、初めに10の質問です。1つでも答えられなかったらアウト！　しっかり読んでレベルアップしてください。

エギング上達のための10の質問

Q1. アオリイカはどこで産卵しますか？
Q2. アオリイカの産卵水温を知っていますか？
Q3. 春イカと秋イカの生活様式の違いを知っていますか？
Q4. 当て潮で餌木の着底が分かりますか？
Q5. ロッド選びの基準を知っていますか？
Q6. そのキャスト、格好だけになっていませんか？
Q7. フォールの言葉を使い分けられますか？
Q8. 手感度、目感度の違いは分かりますか？
Q9. どてら流しとスパンカー流しの違いは分かりますか？
Q10. アオリイカは色が分かりますか？

どうでしたか？　全部答えられましたか？　すべて答えられた方は、すでにしっかりとした釣果を出しているはず。答えられなかった方は、しっかりこの先を読んでくださいね！

本書では項目を大きく3章に分けます。1章：春イカ編、2章：秋イカ編、3章：ティップラン編（ボートエギング）の3つです。なぜ3章に分けたかというと、それぞれが実は独立した釣りであるからです。つまり明確に釣り方を変えなければいけないということになります。一見、餌木を使うので同じエギングと思われがちですが、実は全くの別物。それを理解しなければいつまで経っても中級手前のままです。この3つの釣りを理解し、10の質問に答えられるようになれば釣れたも同然です。しっかり読み進めてくださいね。

ということで、まずは春イカ編からいってみましょう！

I

春イカを制す

春イカってどんなイカ？

皆さんはアオリイカが春にどんな行動をするかご存じですか？　それが分からなければ春イカを釣ることは難しいでしょう。春は秋と違い個体数が少ないため、必然的に釣ることが難しくなります。また春は産卵期であり、成長のためにエサを追いかける秋とは違い、エサを中心とした行動をしません。つまり、食は二の次、行動原理の第1は**命を懸けて子孫を残すこと**です。

そんな気難しい春イカを釣るには、春の行動を知らなければなりません。たまたま釣れたではなく、春イカをねらって釣る。それが重要です。まぐれで釣れた1杯の3kgよりも、ねらって釣った1kg5杯のほうが価値は大きいのです。ということで、具体的に見てみましょう。ちなみに、アオリイカは太平洋側と日本海側では春の行動パターンが全く異なるので分けて解説します。

≪太平洋側≫

水温の比較的安定する深場（30～50m）で越冬したアオリイカは、水温が15℃前後になると産卵を意識し始め浅場へ移動してきます。まずはこれが一番重要です。「去年何月に釣れたから」、「この時期だったから」ではなく、水温が最も大きなカギです。今や、実績ポイントなどネットで調べればすぐに出てきますし、オカッパリで行ける秘密の場所など皆無に等しい時代です。大事なのは「いつ釣るか?」です。

そして、14~15℃を超えると第1陣が産卵場にやってきます。よく、シーズン1発目が一番大きいといわれたりしますが、これには明確な理由があります。アオリイカは1回産卵して終了するのではなく、1~2ヵ月かけて10回ほど産卵し一生を終えます。このため、最後のほうはどんどん体力もなくなりやせ細るため、体重が減っていきます。だから1発目が大きくて重い訳です。

そして、水温が18~20℃前後になるとほぼすべてのアオリイカが産卵行動に入ります。ここが重要です!! アオリイカはたくさんの卵を産みますが、大人になるのはごく一部。その少ないアオリイカをねらうには、水温の安定する時期が最も確率が高い。エキスパートになれば早い時期の状態のよい個体を外れ覚悟でねらうこともあるでしょうが、まずは1杯釣りたいなら水温が18~20℃に安定する時に釣行すべきです。今やネットで水温も分かる時代、まずはしっかり下調べして、現地でも水温計で確認するほどの入念さがあっても決してやりすぎではありません。春イカは家にいる時から勝負は始まっているのです。

《日本海側》

まずは冬の日本海を想像してみてください。アオリイカは温暖な地域に棲むイカです。そのアオリイカが荒れ狂う冬の日本海の海を乗り切ることが出来るか問題です。

アオリイカが何度まで低水温に耐えることができるか知っていますか？（答えは読み進めてもらえば書いてあります）。真冬の日本海は最も低い2月で8～9℃まで下がります。秋から冬にかけて水温は冷えやすい浅場から徐々に下がり、最後には水深100ｍまでほぼ同じ水温になります。これが日本海の冬です（これは秋イカ編でも出てくるので覚えておいてくださいね）。アオリイカは低水温に弱いため水温が下がると身を守る行動に切り替えます。具体的には13～14℃を下回るとエサを捕食しなくなり、12℃を下回るとほとんどが死んでしまいます。つまり、日本海のアオリイカは水温の低下と共に死んでしまう「死滅回遊魚」ならぬ、「死滅回遊イカ」なんですね。

しかし、日本海でも春になれば春イカが釣れることがありますよね？

これはなぜかというと、潮の流れにカギがあります。日本海側では常に対馬暖流という黒潮の分流が日本列島に沿って流れています。この潮の流れは、春になり沿岸の水温が上がると混ざり合うように接岸してきます。すると、対馬暖流に乗った産卵を控えたイカが北上することとなります。そして、落ち着いたところで接岸し産卵行動に入ります。この

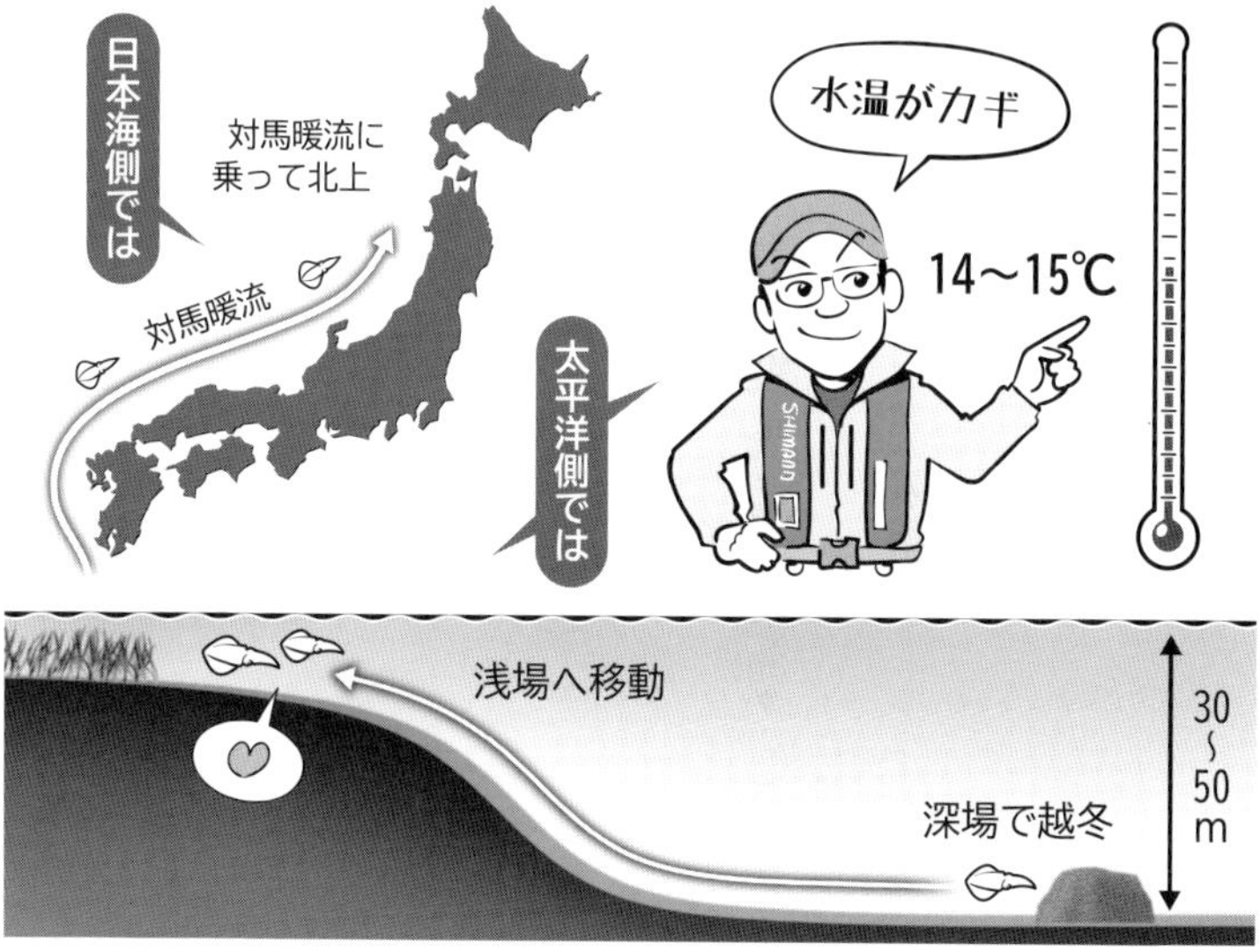

ため、日本海側では南のほうから徐々に産卵が始まる傾向にあります。
つまり太平洋側のように、冬に深場に落ちたイカが浅場に接岸するのではなく、元々いないものが潮に乗って流れて来るという、潮頼みの釣りなんですね。したがって北陸方面などの春イカ産卵の北限地域では、春の水温上昇が遅く北上してこない年と判断した場合は無理にイカをねらわず、ターゲットを変更するのも1つの選択肢かもしれません。

ポイントの見つけ方①産卵行動を把握する

水温については分かりました。次にポイントです。産卵を意識したアオリイカは浅場に入って来て、水深2～10ｍの場所に接岸します。このためオカッパリで効率よく大ものを仕留められるのも春のこの時期です。アオリイカは海藻があるところに産卵します。これはご存じの方も多いでしょう。アマモやホンダワラなどの海藻類の生えているところが産卵場所になります。

産卵の条件としては、

・水深2～10ｍ

・アマモやホンダワラなどの海藻が生えているところ

ということになります。そしてもう1つ条件があります。春イカの目的は卵を安全にふ化させること。つまり外洋に面した場所では卵が流されやすくなり、また天敵も増えるため、ふ化率も生存率も下がってしまいます。安全に生まれ、そして生まれたての稚魚が無事天敵から難を逃れ成長するには、単に水深と水温が合っているだけではなく、穏やかな海であることが条件となります。

何か難しいことを書いているようですが、実はアマモやホンダワラは潮が直接当たる急流域よりも湾になっている穏やかなエリアに生えやすい特徴があるので、必然的にエリアは絞られる傾向にあります。

しかしここで問題があります。ここまで書いたのはあくまでも「産卵」に関する情報です。ご存じの方も多いと思いますが、産卵行動に入ったアオリイカは餌木には興味を示しません。したがって、堤防から産卵行動に入ったイカが見えてもねらうのは時間の無駄。大事なのは産卵行動中ではないイカをねらわなければいけないということです。

ここを間違えると、延々と産卵行動をしているイカに時間を費やしてしまいます。

大きなワンド状の地形に漁港が絡むポイント。潮の当たりが弱く、水深も浅いため産卵に適した環境となっている

ポイントの見つけ方②実践編

では、春イカを釣るにはどうしたらよいのでしょうか。前項ではアオリイカがどこで産卵するか分かりました。ということは、産卵していない時をねらえばいいということになります。ここで改めておさらいです。水温の上昇と共に深場から浅場に上がって来たアオリイカは、産卵を控え水深10～20m前後に一旦定位します。これが第1段階。そして、さらに浅場に入り産卵行動へと移ります。これが第2段階。産卵が終わるとペアのイカはいったん離れ、また10～20m前後でフラフラとします。これが第3段階、以後、第2と第3を繰り返しながら最後は死滅となります。産卵は10回くらい繰り返します。

そしてまず、産卵前のフレッシュな個体は水深50m以上の深場から浅場につながるポイントを必ず通過します。これがイラストA地点です。ただし、ここは通り道なので、いわゆる回遊待ちの釣りになります。要するに、奥の浅場へつながる導線という位置付けで、この道で待ち伏せするというものです。これは典型的な回遊パータンになるので、A地点をねらう場合は比較的長時間粘る必要があります。

次にB地点です。こちらは一度産卵場所に入ったアオリイカが産卵と食事を繰り返す場

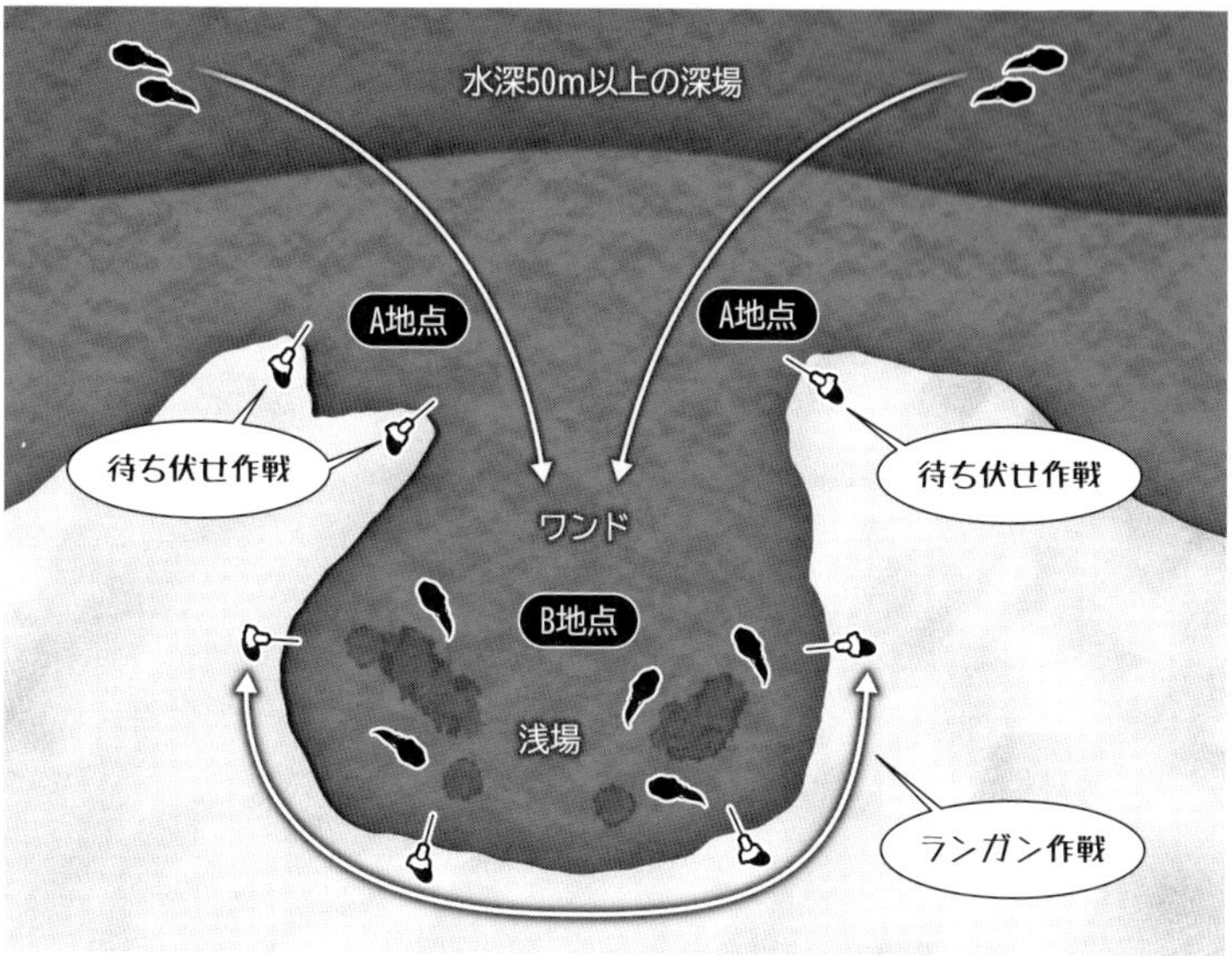

所になります。産卵場はオスもメスも水温の上昇と共に随時供給されて来ますので、広くポイントを見つけ、産卵行動に入っていないイカを見つけていく作業になります。つまり、B地点は回遊待ちというよりランガンパターンでねらったほうがより効率よくイカを釣りあげることが出来るといえます。

ねらい方（釣り方）は後述しますが、まずはねらう場所によって、掛ける時間を変え、よりアオリイカに出会う確率を上げることが重要になります。

春と秋で誘いが明確に違う理由

では、ねらう時期、場所が分かりました。今、あなたはこれらの条件を加味して釣り場に立っているとします。さあ、あとは釣るだけです。ところがここから注意が必要です。皆さんが一番気にする「誘い」。あくまで人間の都合ではなく、イカの都合に合わせて誘いを入れなければいけません。では春イカの「都合」とは一体何でしょうか。それは実に簡単で、

「春イカの捕食は、あくまで産卵における必要最低限の体力を維持するためである」です。

これを知っていると必然的に誘いも変わってきます。

エギングにおける誘いは主に2つ、餌木の横移動と縦移動です。横移動はワンピッチジャーク（ショートジャーク）を多用します。これは秋に有効で、たとえば餌木を視認できる海面すれすれまで誘い上げフォールさせるのも横移動（正確には斜め移動）に含まれます（これは秋イカ編で詳しく解説します）。

一方、縦移動はリールを巻かずにサオだけで誘いを入れるいわゆるスラックジャークを多用します。具体的には着底後、根掛かりを外すように誘いを入れ底付近をねらいます。

巻きシャクリを入れる時も最低限の回数とし、3～4回で、しかも大きくならないように注意します。

では、これら2つの誘いの大きな違いは何でしょう？　それは、移動距離を大きくするか小さくするかの違いです。

冒頭で述べた理由から、春のイカはエサを積極的に追いかけ回すことはほとんどありません（その時エサに執着すれば別ですが）。**「食べやすいエサを食べる」**これが春イカの捕食です。つまり、春イカの捕食は移動距離が極端に狭いのです。もっとしつこく言うと、ストライクゾーンが狭いのです。横移動するいわゆる秋の誘いでは餌木を追いかけて来ないため、必然的にイカが餌木を抱くチャンスが減ってしまいます。もし、シャクリが多かった時にイカが釣れたとしても、それは必然とは言い難い。上級者は確率論を大切にするので、移動距離が少ない・大きいで考えた時に、どちらがイカが抱く確率が高いかを常に判断しています。

エギングの楽しみといえばシャクリにあることは間違いありませんが、春は春なりのシャクリ、誘いがあるということですね。

餌木の選択―色やサイズに騙《だま》されないために

やはり魚の口に一番近いものに意識がいきがちなのが釣りの特徴です。エギングではそれが餌木です。春のシーズンの場合、餌木のサイズ、タイプ、そして色に意識がいくと思います。それぞれ見てみましょう。

餌木のサイズ

春の産卵を控えたイカはいわゆる成熟した個体になります。記録をねらう春だからこその餌木選択をお勧めします。

アオリイカの捕食の特徴として、自分の体の大きさより小さいものをエサとして選ぶ習性があります。これはある研究で実際に示されたものですが、こと春に関してはあまりそこを意識する必要はありません。たとえば4寸の餌木を使用したとしても、産卵絡みの成熟したイカがこのサイズを下回ることはほとんどないため、餌木のサイズを小さくしたから釣果が伸びたということはありません。むしろ、大きくすることによってキャスト時の飛距離が伸び、結果的にねらえる範囲が広がるというメリットがあります。大事なのはより効率よく幅広く探ること。フルキャストした時、産卵を意識した根の手前で着水するのか、根の向こう側で着水するのかでイカに出会える確率は大きく違ってきます。

現在はあまり大きな餌木の市販品はなくなりましたが、3・5号を下限とし、それ以上小さくする必要はないと覚えておいたほうがよいでしょう。

餌木のタイプ

タイプといっても何のタイプかが重要になります。大事なのは姿勢と沈下スピード。これは水深にもよるのですが、春の場合、「テンポよく」ではなく、「じっくり」誘いたいのであまり頭が下を向く状態はよくありません、というのも餌木の重心を前に持ってくると早く沈むので底取りはしやすいのですが、そのぶん「見せる」時間が短くなりアタックするチャンスが減ってしまいます。そこで潮が緩い場合、水深が5ｍ以内と浅い場合はより水平姿勢に近い餌木を選択するとよいでしょう（通常は頭下がりで45度ですが、シンカーを削る場合、前のほうを削って水平に近いフォール姿勢にすると沈下時間が伸び、よりヒットタイムが伸びます）。

一方、水深10ｍ前後の深めのポイントをねらう場合、もしくは流れがある場所ではしっかりポイントに餌木を送り込まなければいけないので、底取りが出来ないようであれば迷わずDEEP typeの餌木を使うようにしましょう。

というと、根掛かりするから嫌だというアングラーも結構います。しかしここが重要で、オカッパリの場合、ねらう水深がある程度把握できていれば必ずしも毎回底取りをする必要はありません。アオリイカはそもそも底から1～3mの所に浮いているので、その付近でしっかりアピールできればよいのです。つまりしっかりと1回でも底取りが出来れば、次のキャストからはカウントダウンで1～2秒早く誘い始めれば根掛かりの心配もなく釣りをすることが出来るというわけです。

餌木の色

個人的にはあまり気にしていません。各自好きな色を選んでください。以上!

春は、じっくり誘える、3.5号以上の餌木を中心に……

月齢を読む

月の満ち欠け、大潮・小潮など、知らなくても釣れる時は釣れます。しかし、ねらいをすませて釣行するには、知っていると知らないとではやはり確率が違います。なかなか頭に入らないものですが、これをきっかけに潮汐表（「ちょうせき」って読むの知ってました？）を見る癖《くせ》を付けるとよいですよ。

それではまず、月の満ち欠け、月明かりについてですが、その前に「月齢」を理解しなくてはいけません。月齢とは新月から始まって、上弦→満月→下弦、そしてまた新月と、約29・5日ごとにくり返される月の満ち欠けを日付けで表わしたものです。

これと何が関係するかですが、まず、月明かりの「ある」「なし」で考えてみてください。大事なのは「メリハリ」です。つまり、満月の時にオカッパリなら街灯、船なら漁火があっても効果が薄いということです。船釣りではよくいわれる話ですが、月明かりが強すぎると明かりを焚いてもアピールが弱く、ベイトとなる小魚が明かりに寄らず、結果的に釣果がイマイチになってしまうことが多い。夜炊きのケンサキイカ釣りなどで経験されている方も多いかもしれません。

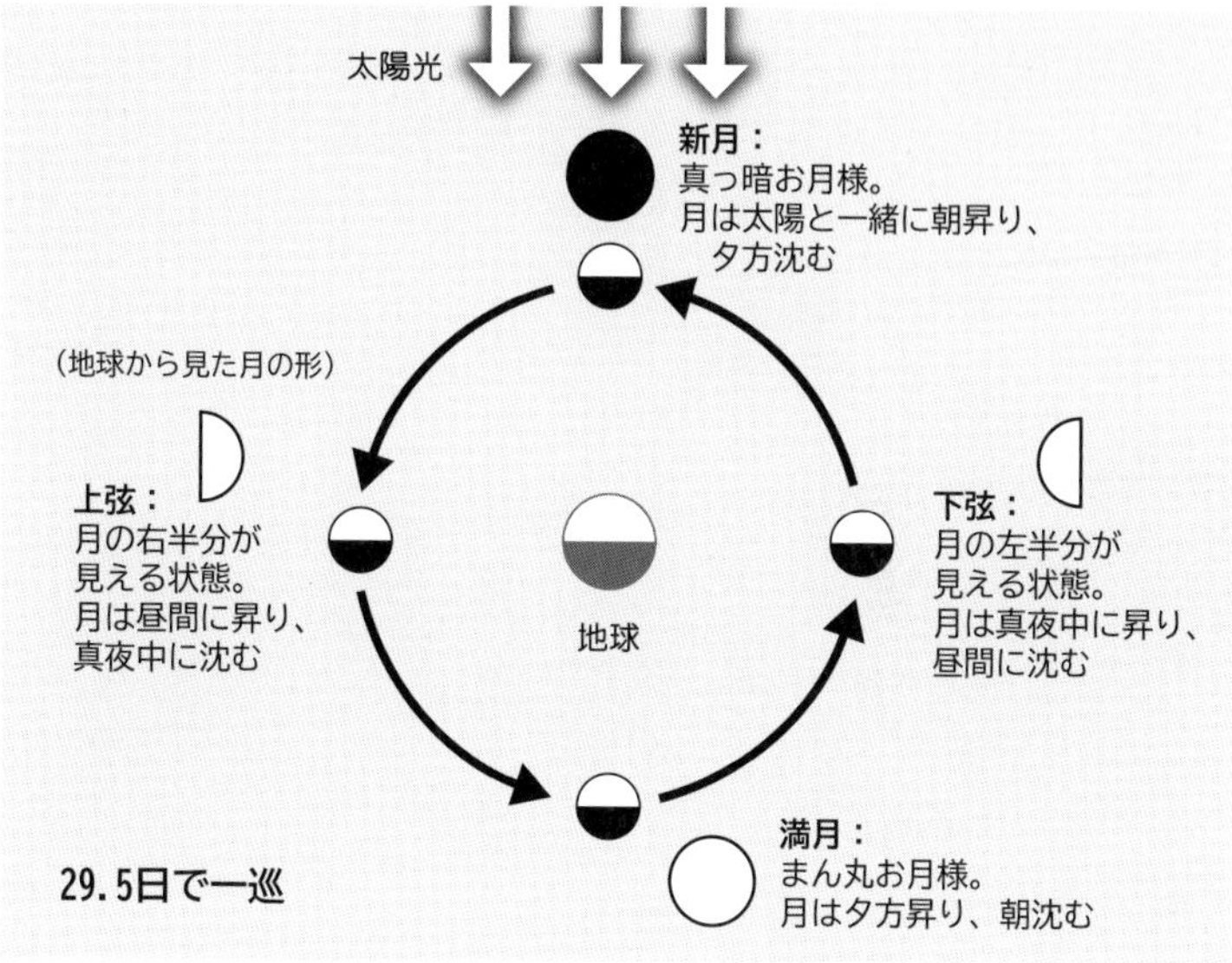
太陽光
新月：
真っ暗お月様。
月は太陽と一緒に朝昇り、
夕方沈む
（地球から見た月の形）
上弦：
月の右半分が
見える状態。
月は昼間に昇り、
真夜中に沈む
地球
下弦：
月の左半分が
見える状態。
月は真夜中に昇り、
昼間に沈む
満月：
まん丸お月様。
月は夕方昇り、朝沈む
29.5日で一巡

実はこれ、アオリイカも同様です。最近ではアオリイカを夜船でねらう地域も出てきたので、情報量は増えていくかもしれませんね。アオリイカは他のツツイカ系と同じで昼夜深浅運動を繰り返す生き物です。昼夜深浅運動とは、昼間は底付近で生活し、夜になると浮いてくる生活様式のことをいいます。タチウオなども同じように夜になると浮く習性があります。ちなみに、夜曳釣りをするアオリイカ漁師さんは満月回りを好んで出船します。これは満月回りにアオリイカが夜活性が高くなる、つまり釣れやすいことを知っているからです。しかも全体的に浮き気味に

なるため、仕掛けを沈めすぎて根掛かりする心配も減ります。

満月回りになるとプランクトンが浮きやすくなるため、それを捕食するベイトフィッシュ、さらにベイトフィッシュを捕食するアオリイカも水面付近まで浮いてきます。そして、驚くほど浅場に入って来るのもこのタイミングです。

ということは、満月の時はオカッパリのチャンスです。街灯などに頼らず、誰もいない真っ暗なポイントで爆釣することが可能です。春の時期であっても夜はエサを求めて活発に動く習性があるので、深場の隣接するポイントを中心に、潮通しがよく、エサが豊富なエリアに接岸してきます。このように、満月回りはオカッパリで釣果を上げるには非常に有効といえます。もちろん潮が動いていることなどは重要な要素となりますが、夜釣りで分かりにくい底取りを毎回する必要がありませんし、浮いている時は中層から上だけをねらってもいい場合もあります。

これはずっと昔のアオリイカ釣り（あえてエギングではなく）の手法で、エギングが世に出る前は日中にアオリイカが釣れることすら知られておらず、もっぱら夜に餌木をぶん投げてただ巻きするだけの釣りでした。古い釣りと一蹴《いっしゅう》せず、しっかりと分析することが重要ないい例かもしれませんね。

では、明かりのない新月の時はどうしたらよいのでしょうか。そうです、明かりのある街灯の下に小魚と共にイカが集まって来るということです。夜は捕食メインで行動するのでエサとなるベイトフィッシュ（以下、ベイト）の動きが重要になります。なので、やはりベイトを中心に考える必要があります。ただし、注意点が1つ。新月回りは経験上思ったほど暗い時間の釣果が伸びにくい（釣れないというわけではないですよ）傾向があります。イカを釣る確率を上げるためであれば、あえて新月回りは夜を捨ててしまうのも1つの手です。捕食の活性が上がりやすい朝マヅメ、夕マヅメを集中的にねらうとよいでしょう。

それともう1つ、新月回りはマヅメ時に釣果がよくなるだけではなく、日中に捕食タイムが来ることも少なくありません。春の場合、どうしても昼間は間延びしてダレてしまいがちですが、いわゆる昼時合と呼ばれる11～14時頃は他のアングラーも少なくポイントをじっくりねらうには悪くありません。

満月回り、新月回りを意識しながら単に朝早く起きて疲れたらやめるのではなく、タイミングを見てポイントに入るようにすれば集中力も増し、より丁寧な誘いが可能になることでしょう。特に春は1杯をどう釣りあげるかが勝負になります。気を抜いている時に横抱きされて悶絶《もんぜつ》したことがあるアングラーも多いはず。しっかりと集中して大事な1杯を獲りに行きましょう！

誘いは春と秋で変える必要があるか?

春イカは食性ではなく産卵を中心に活動すると書きました。このため、秋とは違い基本的な誘いを間違えていると、たとえよいポイントに入っていても釣果が望めません。ご存じかもしれませんが、産卵を意識した春イカはしつこく追いかける習性があまりないため、中層～水面を除外して考える必要があります(日中の場合)。「必要があります」と書きましたが、裏返せば中層より下、つまり底付近だけを重点的にねらえばいいことになります。「底付近」と書いたのは、必ずしも根が荒いところでは着底を取る必要はなく、着底ぎりぎりのタイミングを覚えておき(それには今使っている餌木がどれくらいのスピードで沈むかを覚えておく必要があります)、そこで次の誘いに入ればOKです。また、ホンダワラのような海藻であれば、餌木をフワッと乗せるイメージで着底を取りながら、なかば根掛かりを外すように上へ、上へと優しく誘いを入れてもOKです。

いずれにせよ、春の誘いは激しくする必要はなく、ねらうエリアの底付近をチョンチョン動きながら餌木を移動させるようなイメージがよいでしょう。ただし、こうなると1回のキャストにかなり時間がかかります。秋の誘いが身についている人はどうしてもほかのポイントが気になってしまったり、誘いのテンポが早くなってしまいがちです。いわゆるランガンスタイルが身についている人は、意識して焦らずじっくりとねらうように心掛けるとよいでしょう。

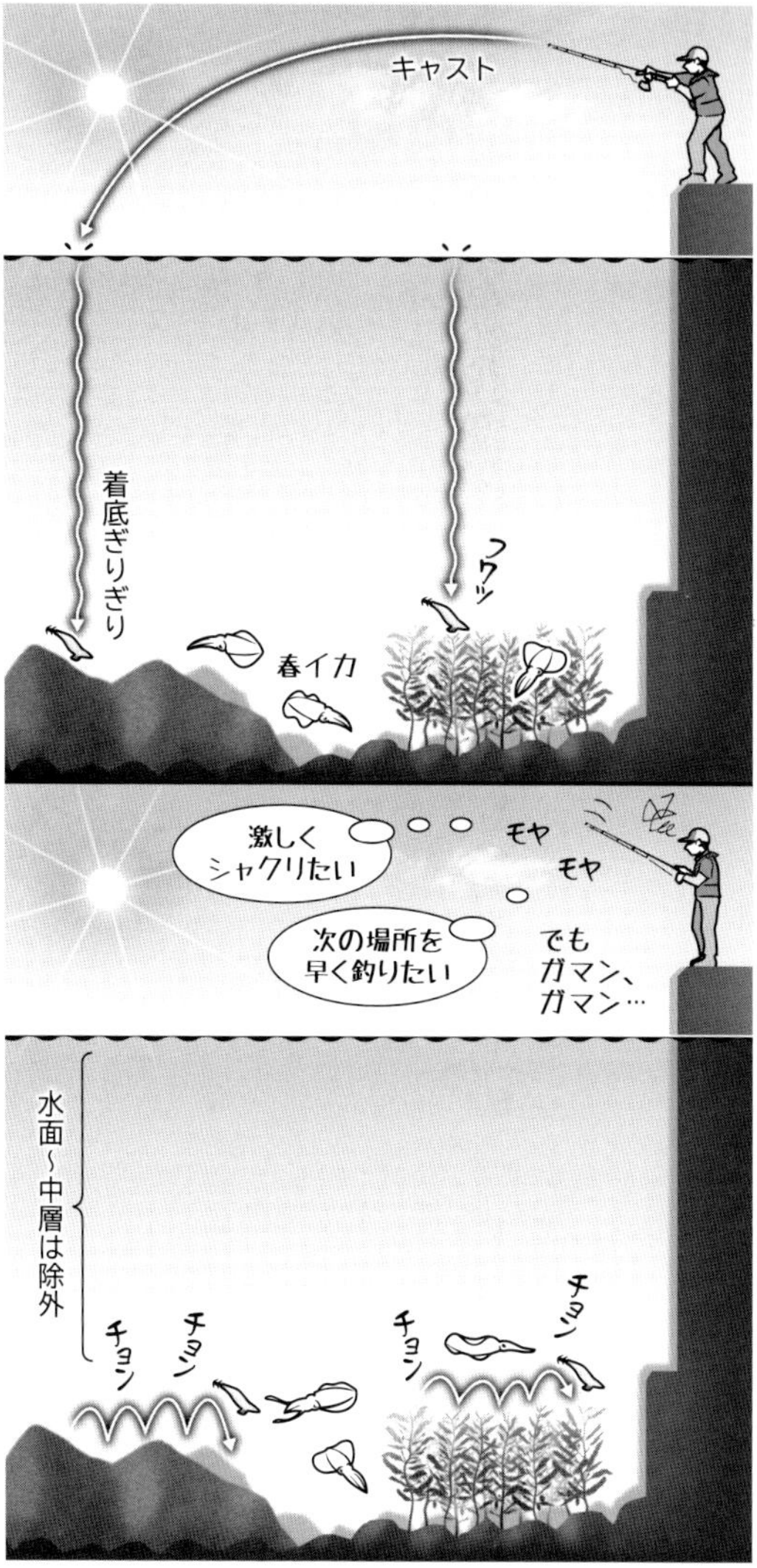

当て潮を攻略する

誰もが嫌う当て潮。初級者であれば根掛かりするだけですし、上級者でも苦手とするアングラーは多いはず。そんな中で中級者が当て潮に果敢に挑むにはどうしたらよいでしょうか。大事なのは餌木の位置把握です。

キャスト後、着底してから誘いを入れるとシャクッた時の餌木の抵抗が軽いことがあります。そしてどんどん餌木が手前に寄ってきます。春はじっくりねらいたいのに……となるわけですが、この場合まず重要なのが餌木の重さです。軽すぎると根掛かりしても気付かずラインだけが前に流されてしまいます。かといって重すぎると着底は分かっても、テンションを掛けると手前に寄るスピードが上がりストライクゾーンが狭くなってしまいます。そこで、「着底が分かりすぎない」重さの餌木を選ぶようにするとよいでしょう。そして、しっかりと足元まで探ること。当て潮の最大のチャンスは足元の根、壁に餌木が到達した時です。

と、ここまでは通常の当て潮対策。ここからが重要です。当て潮の場合、冷静に釣りをすると手前に寄るにつれて餌木のテンションのコントロールがしやすくなるポイントが必ずあります。たとえば20m沖か、15m沖か、それは潮の速さや水深、そのアングラーの技術にも左右されます。現場に着いたらまずはその日、自分でコントロールできる距離をしっかり把握し、より沖で餌木をコントロールできるように、1mずつでも、50㎝ずつでもいいので沖でテンションを操作するようにしてください。どうしても遠投したくなりますが、そもそも当て潮をコントロールできていなければ何をしているか分からないので、我慢してコントロールできる距離にキャストするようにしましょう。そうすることで徐々に潮に慣れ、より沖でのヒットチャンスを広げることが可能となり、今まで苦手としか思わなかった当て潮がより面白い釣りに変わっていくはずです。

そして当て潮対策はもう1つのメリットがあります。実はこれ、春のボートエギングで風下へキャスティングを行なう場合と条件が同じなのです。オカッパリの当て潮では餌木が手前に寄って来ますが、ボートのキャスティングでは自分（船）が流れて餌木に寄って来ます。餌木が寄って来るか、自分が寄って行くかの違いはありますが、どちらもラインが弛む方向に動くので、うまくラインスラックを取りながら釣りをすることには変わりません。この考え方が分かれば当て潮もボートでのキャスティングゲームも両方マスターできるので、ぜひチャレンジしてくださいね。

キャストの重要性

キャストなど誰でもできると思っている方は結構多いのですが、実は飛距離を出すキャストが出来ているアングラーは驚くほど少ないのが現状です。ロッドの力を最大限に引き出すキャストは手投げでは到底無理です。「振り切る」ことでそれは可能になります。

例を挙げましょう。まず、タラシの長さは1m前後とします。後ろに振りかぶってキャストの準備、ここで身体を後ろに開くと思いますが、開いたままでキャストしていたら、その時点でアウトです。この状態だと後ろの手と前の手が交差するように体の前を通過しているはず。これではロッドに伝わるパワーは半分以下です。

次に、開いた身体は戻っているが投げた後にロッドを持つ手が頭の上にある状態の方。エギングやその他ルアー系アングラーに最も多いのですが、これには意味はありません。ロッドをしっかり振り切ると頭の上を通り越して体の前、目線より下にロッドが来ます。頭上でロッドを止め、一所懸命ロッドを前に出しても飛距離は伸びません。

大事なのは放出角度です。キャスト後に力を入れるのではなく、力を抜いて手元にロッドを持ち、ラインの放出角度を合わせてあげればよいでしょう。あとは着水後のことを考え、無駄にラインを出したままにせず、着水と同時に（もしくは着水直前に）リールのベールを返します。こうすれば空中に出たラインが不用意に風に流される心配もなく、より餌木と自分が真っすぐ直線上にある状態になります。これ、一見当たり前のことのようですが、上級者でもキャスト後にしばらく自分のキャストに見とれている人は多く、急いでラインスラックを回収している姿を見かけます。小さなことを丁寧にこなすことが上級者への道と思って、しっかりライン操作するようにしてくださいね！

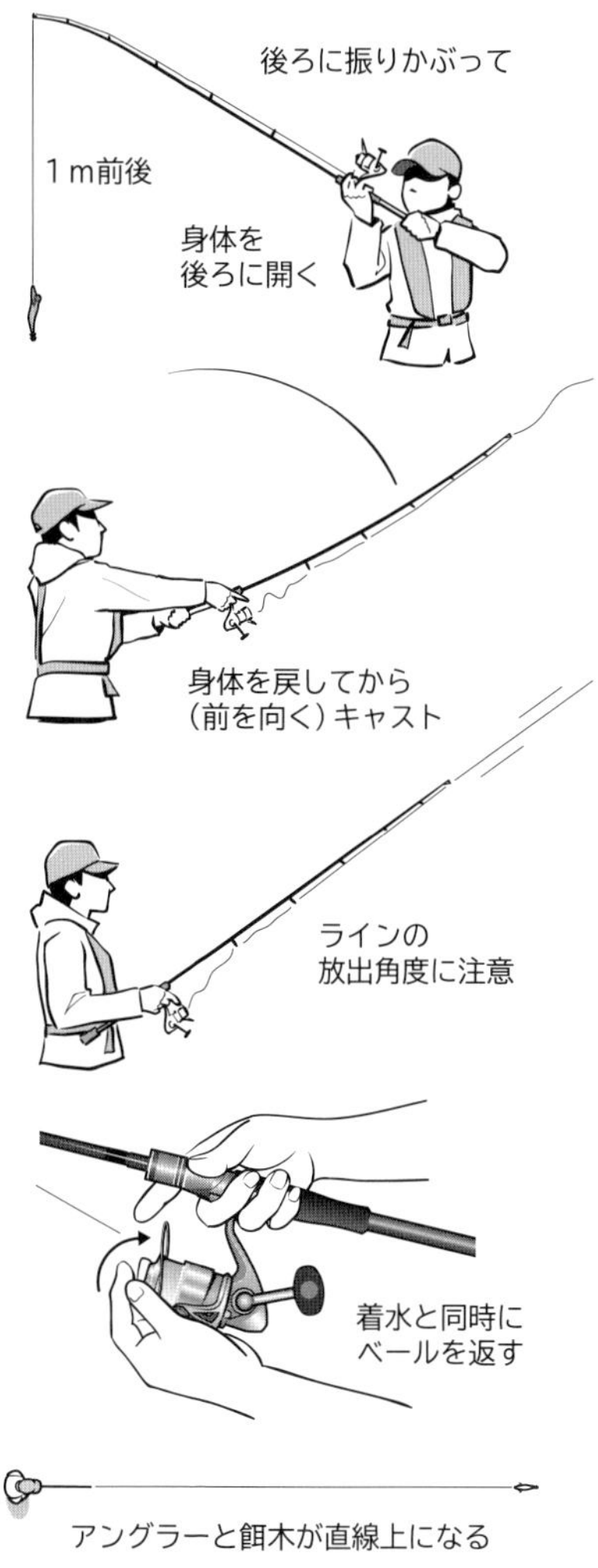
後ろに振りかぶって
1ｍ前後
身体を
後ろに開く
身体を戻してから
（前を向く）キャスト
ラインの
放出角度に注意
着水と同時に
ベールを返す
アングラーと餌木が直線上になる

タックルを選ぶ

●ロッド　春イカ用のロッドというものは存在しません。では、ロッドを選ぶ基準とは？　大切なのは、どこで釣りをするかです。ある程度アングラーに合わせる必要はありますが、それ以上に重要なのが「どこで釣りをするか？」です。常に同じ場所で釣りをするわけではないので1本に絞るのは難しいのですが、予算の関係上1本に絞らなければならないとすれば、「最もよく通うポイントに合わせる」です。

具体的な例を挙げましょう。いつも春イカをねらうエリアの特徴が、ワンドの中で潮の流れは緩め、足場が低く、水深が5ｍ前後と浅く、産卵床が40ｍよりも先にある場合。こういった時は足場が低いのでショートロッドになりがちですが、ポイントが遠いならロングロッドになります。そして、水深が浅いのでロッドの反発力があまり強すぎるとシャクッた時にポイントを通過する時間が速くなり、追いかけて来ない春イカでは不利になってしまいます。となると、このポイントに限っていえばロングロッドでやや柔らかめがお勧めということになります。ここであえて長さを書かなかったのは、身長160㎝の女性と180㎝の男性では体格も筋力も違うため、その人が長いと思ったロッドを選択するのが一番だからです。たとえば160㎝の女性が振り切れるロッドとなると、無理に長くする必要はなく、しっかりと力を伝達できる長さにするべきだからです。このように、サオ選びでも決して情報に踊らされることなく「自分にとっての1本はどれか？」を考える必要があるんですね。

●リール、ライン　リールは基本的には2000〜3000番クラスになります。シングルハンドル、ダブルハンドルは個人の好みでよいでしょう。たるんだラインをしっかり巻き取りたい方はシングル、ハンドルをはじいて惰性で巻き取りたい方はダブルハンドルがやりやすいと思います。

ラインは現在ではPE0・4〜0・8号が主流になります。上級者になれば細イトを使う方が増えますが、細イトのメリット・デメリットを再度おさらいする必要があります（下図）。

細糸のメリット・デメリット

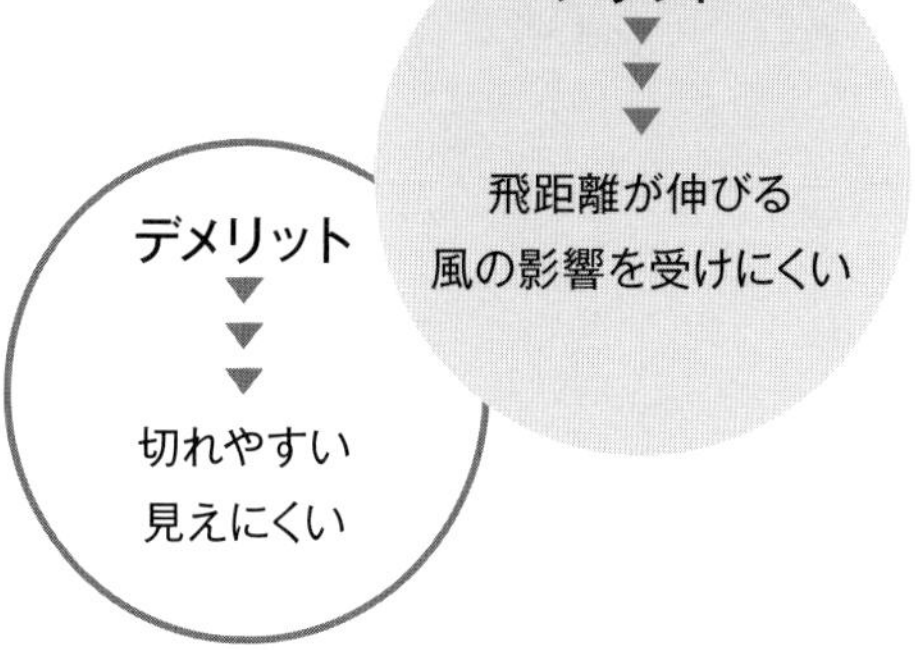
メリット
飛距離が伸びる
風の影響を受けにくい
デメリット
切れやすい
見えにくい

このように、ラインの太さは扱いやすさと強度がトレードオフの関係にありますので、そこをしっかり認識して選ぶ必要があります。特に春イカは、1杯の大切さは秋の比ではありません。確実に獲れる、自信をもって使える太さにするべきです。

●リーダー　これはPEラインに合わせる必要がありますが、根周りをねらうことを考えて、通常設定の＋0・5号と考えておけば良いでしょう。

●セフィア CI4+ C3000S

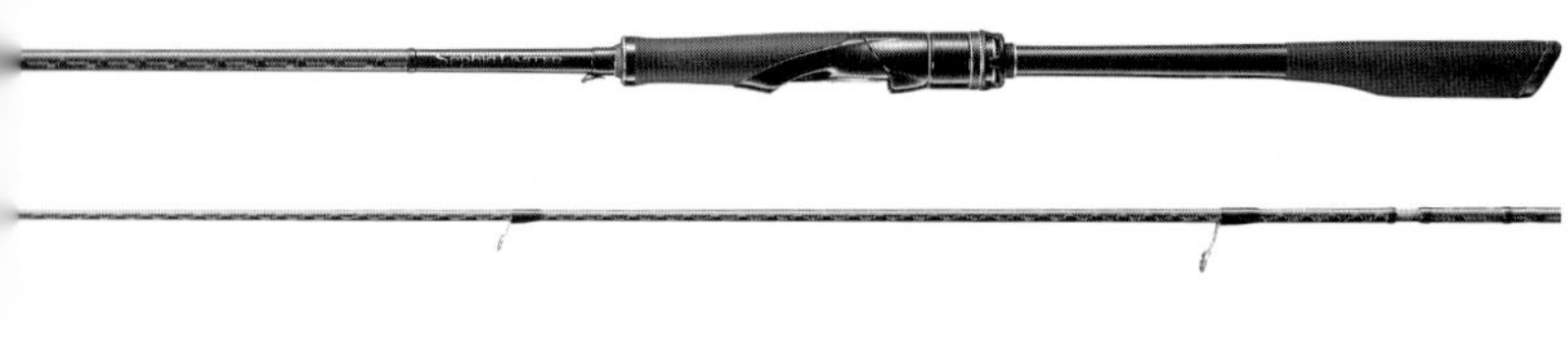

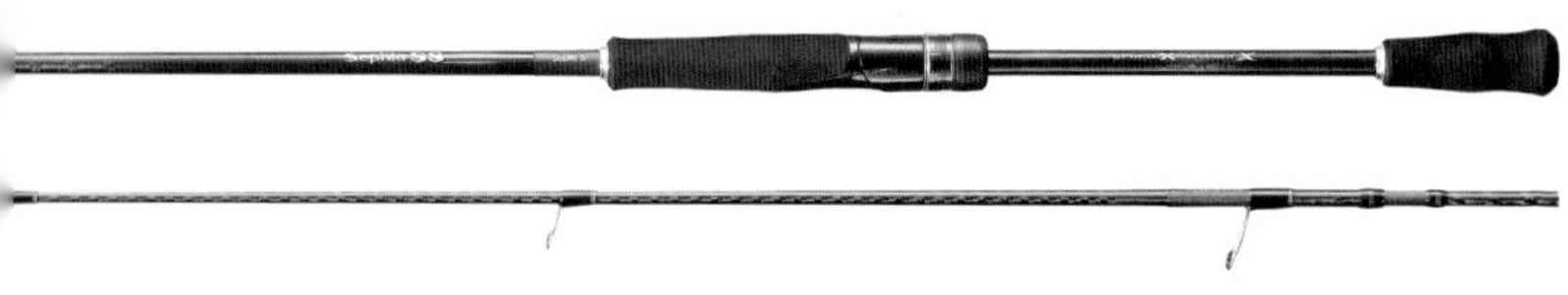

PE	0.4 号	0.6 号	0.8 号
リーダー	1.5+0.5 号	1.75+0.5 号	2.0+0.5 号

●セフィア フロロリーダー

●セフィア 8（PEライン）

●セフィア リミテッド S86M

●セフィア SS　S86ML-S

着底を考える

よくこんな質問を頂きます。「着底が分からないことがけっこうあります。上手な人は常にきっちり着底を把握しているのですか？　それなら対処法は？」

エギングにおいて大事なのは水中における餌木の位置把握です。初級者・中級者はこの概念が曖昧《あいまい》です、いやもっというと決定的に欠けています。つまり、いま餌木が水中のどれくらいの水深にあるのかがはっきり分からないのです。

餌木はミノーと違い何メートル沈むなどとは書いてありません。何秒でどれくらい沈むと書いてあるだけです。しかも風の強さやラインの太さ、潮の速さによってかなり変わります。使い手がどこまで沈めるのかなど、すべてアングラーがコントロールしなくてはなりません。にもかかわらず、着底が分かりにくい軽さと構造と来れば、悩ましいことこのうえなしです。

実際、初級者・中級者、そしてエギングを好きになれない人などから、「着底まで待てない」、「ジグなどと違ってサッと底取りができないからイライラする」という言葉を聞きます。確かにジグなどとは違い、明確に着底が分かりにくい餌木は、着底が曖昧なままになることが多いのが現状です。そうなると冒頭のような疑問（あるいは、そもそも着底は必要なのか？）を抱いたままになるわけです。

で、結論。着底は大事か？　という疑問ですが、やはり着底は大事です。これは着底させる・させないも含めて着底が大事です。たとえば、初めてのポイントで着底が分からないい場合はディープタイプの餌木を使ってでも着底把握をします。これにより、着水後どれくらいラインが出れば着底するかが分かります。ディープタイプを使っているのでスピードは違いますが、よほど水深があって潮が速くない限りラインの出る量はそう変わるものではありません。ですので、まずディープタイプの餌木で底を把握し、次にノーマルタイプに戻し、着底するぎりぎり手前でシャクリを入れるようにすれば根掛かりを減らすことが可能です。

このように、着底させないにしても底まで何メートルあるのかが分からなければ話が進まないことを覚えておいてください。根掛かりが怖くて見当違いの中層を延々と探っていても釣果は得られないのです。

餌木は軽いほどいい？ or 着底感優先で重めでも問題ない？

これは前項からの続きになりますが、春イカに関してはやはりじっくり見せるのが大きなキーワードの1つになります。そのためには、ゆっくり沈む餌木は必ず持っていなければいけないといえるでしょう。大事なのは餌木をポイントに送り込むことです。着底が分からなければねらうタナがぼやけてしまいます。春のアオリイカは水面まで「追いかけて来る」ことはありますが、水面でボーッとしていることはあまり多くありません。いるかいないか分からない中層をメインにねらうのではなく、確実にいるであろう底付近を集中してねらうほうが圧倒的にイカに出会うチャンスは増えます。

となればしっかりと底を意識できる餌木を選択する必要があります。ただ着底を感じるには技術差がありますので、底が分かるまでは餌木を重くしていく必要はあるでしょう。つまり、着底感知能力もその人の実力といえるわけです。超スロータイプの餌木で着底が分からないのであれば、その人の実力はその一歩手前です。これは釣る技術ではなく、着底を感じる技術です。こういった一つ一つの技術が合わさって釣る技術が備わっていくのです。

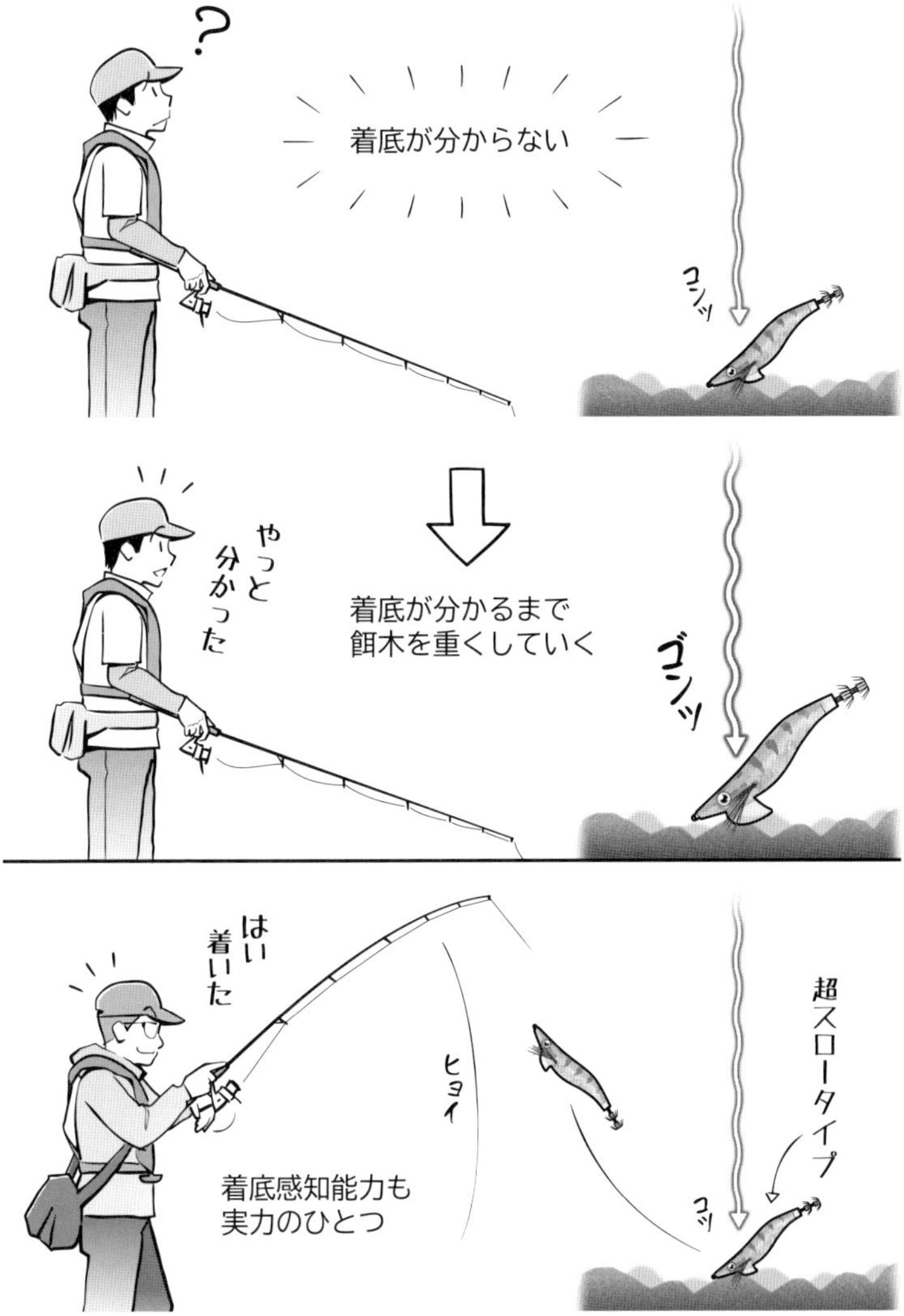

?
着底が分からない
コンッ
やっと分かった
着底が分かるまで
餌木を重くしていく
ゴンッ
はい着いた
ヒョイ
超スロータイプ
コッ
着底感知能力も
実力のひとつ

カラーローテーションはどこまで意味があるか

分かりません！　といっては身も蓋《ふた》もないのですが、そもそも論としてアオリイカは色が識別できません（「いや、識別できるはず！」という方もいますが、色を感じる細胞がないので識別できないものはできないんです。これは反論するにはそれなりの証拠が必要ですが、釣り人はここを感覚で言ってしまうのでタチが悪い）。

色が識別できないアオリイカにカラーチェンジがどれだけ効果があるかが未知数である以上、これといって書ける内容ではないわけです。メーカー関係者は自社の製品の中で話を組み立てるので、自社にないものに関しては話を組み立てられません（というか、組み立てません。これは当然で、自社にないものをよいというわけにはいきませんからね）。つまり、たとえばAというメーカーの餌木のカラーが10種類しかなければその中での答えでしかなく、その場に他社の違う色があったらどうなったんだろうという禅問答のようなところに行きついてしまい、結果、「そんなもの検証のしようがない」となってしまうのです。

今までさんざんカラー問題は語られてきましたが、納得できる説明など皆無で、新色が出ればそれを宣伝する程度の内容以外見たことがないので、僕自身の結論としては、「好きな色を使えばいい」というところに落ち着きました。

そういった意味でも自由に商品を使える皆さんが新色を見ながらピンとくる色を選んでくれたらいいのかなと思っています。

イカが判別できない色のことで人が悩むのは……

大きなイカばかりバラすのには理由があった!

これ、初心者を含め中級者までのアングラーに非常に多い現象です。理由が分からない人がたくさんいると思います。なぜ大きなイカばかりバラすのか? あなたは分かりますか。答えは簡単です。カンナに掛かっていないから。横抱きだったから。原因はこれだけ。ここまでは分かると思います。重要なのはここからです。

「なぜ横抱きになったのか?」

ここを検証しないと何度でもバラします。オカッパリで使用する餌木の場合、フリーフォールの姿勢は頭が斜め45度下を向いて落ちるように設計されています。このため後ろから接近してきたイカは、ほとんどの場合餌木の腹にアタックすることになります。フッキングが決まれば頭にカンナが掛かります。もしくは目の周囲にカンナが掛かります。ところが、アタリが分からずシャクった時に重みが加わると、根掛かりかイカか分からないため、ロッドを持ち上げることがほとんどです。これが「聞きアワセ」です。そして動き出せばイカ、動かなければ根掛かりと判断します。しかしこれが一番の問題です。イカは徐々にテンションが加わると、エサが逃げると判断し、しっかりと抱き込みます。1kgを超えるイカは抱き込んだ後にフッキングをしてもカンナまでズレることはありません。抱き込んだまま手前に寄るだけです。つまり、いわゆる聞きアワセをしてしまうと大きなイカはカンナに掛からないままファイトに入ってしまうのです。こうなると、イカがどこかで違和感を覚え、数回のやり取りの後、餌木を離してしまうわけです。

特にファイトに入っても重いだけでジェット噴射がない場合はまず横抱きになっていると思っていいでしょう。

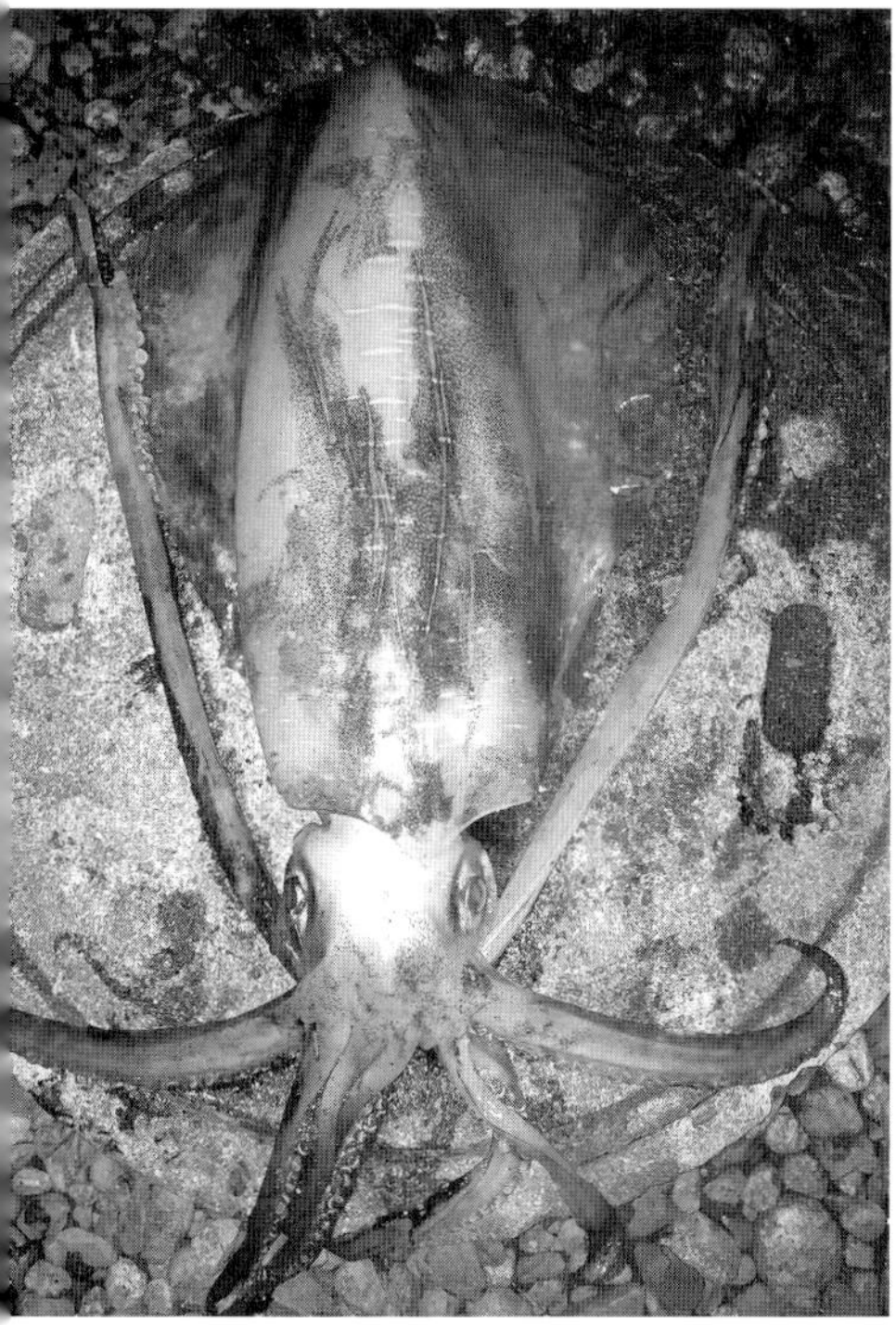

大型になるほど聞きアワセをしてしまうと餌木を抱き込まれカンナが掛からない状態になりやすい

大きなイカをバラさないための対策

　横抱きになっているイカをバラさないためにはどうしたらよいのでしょうか。いくつか方法があります。そのうち代表的なものを3つ挙げましょう。

1．餌木の頭を手前に向ける

　これ、かなり重要です。シャローエリアでは意外と簡単に餌木をダートさせることができます。このため、移動距離を抑えてその場で餌木を踊らせる……なんて説明を聞いたことがあると思います。しかし、踊らせた後にどうするかを書いた記事というのはほとんど見かけません。実は移動距離云々、ダート云々よりももっと重要なのが**餌木の最後の姿勢**です。

　イメージしてみてください。たとえば、いわゆるスラックジャークでラインスラックを出しながら餌木を動かすとします。するとラインが緩んでいるところにテンションを加えるため、餌木は「ピョン」と動きます。その後、餌木が落ちてくる時にシャクリを入れると今度は左右どちらかに餌木が飛び、これが続くことによって餌木はダートしたり、その場で移動距離を少なくしながら踊るわけです。ネチネチ釣るには非常によいのですが、問題はこの先です。スラックジャークの後にフリーフォールをすると、餌木はあらぬほうから徐々に手前を向きながらフォールしてきます。このように頭の向きを変えながらフォールしてくると、かなりの確率でイカは餌木が横を向いている時に横っ腹めがけて抱きます。この時、アタリを捉えられればよいのですが、フリーで落としているとすべてのアタリが取れるわけではありません。そして、シャクリに入った時に根掛かりと勘違いして、グイーッとサオを立ててしまうともうアウト。しっかり握り込まれて数回ロッドが伸され、パッと離されてしまいます。

このつらい経験を元に対策をするには、必ず餌木の頭を手前に向けることです。どれだけ餌木を踊らせてもいいのですが、シャクリの後に一瞬だけしっかりとテンションを掛け、手前に頭を向かせます。そして、その直後にフリーで落とす。こうすることによって、たとえ餌木の後ろから抱いてきたとしても、カンナが掛かっていなかったとしても、離した瞬間に眉間の部分にフッキングします。横抱きに比べて離した時のフッキング率はかなり高くなります。ちょっとした工夫ですが、頭をしっかり手前に向ける。ぜひやってみてください。

2. フォールさせる時に軽くテンションを掛ける

シャクリの後に一瞬だけテンションを掛け、餌木の頭を手前に向かせると先ほど書きました。その後テンションをフリーにすると餌木は頭下がり45度でフォールします。この状態だと、アオリイカは餌木の後方からお腹部分をめがけてアタックしてきます。一方、テンションを掛けると餌木は水平状態になります。こうなると後ろから追って来たアオリイカは餌木の腹側を抱くことはほぼ不可能になり、背中側をめがけてアタックすることになります。これは餌木にテンションを掛けることによってアオリイカが餌木を抱く位置を釣り人側がコントロールすることになるのですが、実はこの角度が一番イカにとって抱きやすいことを知らない人が意外に多いのです。

ちょっと話は逸《そ》れますが、イカの視軸ってご存じですか？　視軸とは、視細胞が最も密集した部位とレンズの中心を通る線のことです。つまり、レンズを通して物を見た時に、一番よく見える線上のことを視軸と呼びます。で、この視軸上にエサが来れば捕獲率がてきめんに上がるわけです。このため捕食動物がターゲットを見つけた時には視軸のライン上に獲物がくるように位置取りをする特徴があります。イレギュラーなことがない限り、正面でとらえるほうが圧倒的に獲物を捕らえやすいのですね。で、この視軸ですが、アオリイカの視軸はどちらを向いているかというと、足側のやや下方（斜め下15度くらい）になります。したがって餌木の後ろに回り込み、少し下に餌木があるとミスせずに抱き込めます。

話を戻します。この状態だと上から覆いかぶさるようにアタックしてくるので、後ろ脚2本に掛かることが多いです、警戒して触腕アタックならアタリは明確ですし、その2本に掛かるのであまり問題にもなりません。

つまり、ピンスポットねらいでは1のフリーフォールの方法、比較的広めのポイントでは餌木をスライドさせられる2の方法を使えばよりフッキング率を上げることが可能になります。

1と2のどちらも使い分けることが出来れば、大場所、小場所を問わず、いろいろなエリアでバラさないデカイカ捕獲の可能性が広がるわけです。

3．シャクリ始めは鋭く

ここからが最後の仕上げです。1、2では横抱きを極力減らす工夫について書きました。ただし、いくら抱く位置をうまくコントロールしても最後のフッキングが中途半端ではいけません。そこで最後の仕上げとしてしっかりカンナに掛けることを意識してみましょう。

まず1、2を踏まえてになりますが、どちらにもいえるのが、がっちり抱き込まれてしまったらやはりバラす確率が上がるということです。アタリを捉え、しっかり合わせられればフッキング率は確実に上がりますが、それでも抱き込まれたらバラす確率はどうしても上がってしまいます。

ですので、着底なのかアタリなのか分からない場合、かならず1回目のシャクリは鋭く入れるようにしてください。そこで瞬間的にテンションが掛かったら、2回目も鋭く、もしくは、1回目のシャクリをアワセにする癖を付けるとよいでしょう。重みが乗らなければ次のシャクリに入ればよいだけですし、重みが乗ればロッドを戻さず一気にファイトに持ち込めます。

これ、結構重要でアオリイカは徐々に力が加わる（引っ張られる）と、離さないように強く抱き込む習性があります。一方、瞬間的に力を加えられると離す、もしくは抱き込みが弱いとカンナが体に掛かり嫌がる習性があります。この瞬間的に力が掛かり餌木を離す動作を1発目のシャクリでイカにやらせることが出来れば、ファイトの瞬間からカンナに掛かることになりバラシは一気に減ります。もしすっぽ抜けても餌木は近くにあるため、フォールさせれば2度目のアタックの可能性も高まります。

このように、一つ一つは小さな作業ですが、これらを意識し、積み重ね、さらに使い分けをすることでより確実にデカイイカを仕留めることが可能になるのです。

人でいっぱいのポイントはすっぱり見切りをつける

春は秋に比べて比較的ポイント移動が少ない釣りになります。このため、いわゆる1級ポイントにはどうしてもアングラーが集まりがちです。たとえば堤防なら先端に1級ポイントがあるとしたら間違いなくそこにはアングラーがいるでしょうから、手前の2級ポイントを選ばざるを得ません。そうなった場合、あなたはそこで待ちますか、それとも移動しますか？

もちろん、いろんな判断材料があると思います。ここではちょっと時合や潮の動きとは全く別の方向から考えてみましょう。というのも、潮がよければそこにいるアングラーは動かないでしょうからさっさとポイント移動したほうがよいですし、マヅメ時ならなおさら早めに見切りをつけて別のポイントを探したほうがよいからです。問題は時合でもマヅメ時でもない時です。待つか？　動くか？

ここで考えて欲しいのは距離です。そう、距離。たとえば車からの距離がポイントまで近いか遠いかで考えます。なんだそんなことかと思われるかもしれませんが、自分が帰りたくないと思う距離は間違いなく先行アングラーも動きたくありません。この場合、どう

1級ポイントの多い磯場では、一度そこに入るとなかなか動きたくない心理が働く。ちなみに磯では特に装備をしっかり整え事故がないようにしたい

してもポイントで粘る傾向があります（下手をすると一日動かない）。特に春は回遊待ちのパターンも多いため、歩く距離が長くなればなるほど粘る時間も長くなる傾向にあります。

特に近年は堤防などで釣りができる場所が減って来ているため、どうしても磯に行かざるを得ないことが増えて来ました。このためポイント選択は最も大事な要素となってきましたが、釣れる・釣れない以前に、釣れるであろうポイントまで来た以上はちょっとやそっとでは動きたくないという心理が働きます。このためたとえ1級ポイントであろうとも（というか、1級であればあるほど）、先行者がいた時の見切りは早くすべきです。

春はポイント移動が少ないぶん、いかに長く餌木を水の中に浸けておけるかが鍵となるので、たとえ苦労して来たポイントであっても先行者がいた場合はすっぱりと見切るようにしましょう。

II

秋イカを制す

秋のアオリは「学習する」イカ

アオリイカ釣りの入門に最も適したシーズンは秋といわれています。これは生まれたアオリイカが徐々に大きくなる過程でたくさんエサを捕食するため、釣りやすいからです。本書をお読みの方も、秋のアオリイカ釣りからスタートした方がかなり多いと思います。

かくいう僕も同じでした。当時はエギングという言葉が出来たばかりで、専用ロッドもほとんどなく、新潟の海で見よう見まねで釣りを始めたのを覚えています。北陸以北は春のアオリイカ釣りにムラがあるため、やはり秋が主なシーズンになります。初めて水面直下で追いかけてくるアオリイカが見えた時はひどく興奮しました。

話を戻しましょう。生まれたてのアオリイカはいろんなものに興味を示し、エサと判断できればすぐに飛びつきます。そしてそれがエサかどうかを判断しながら、時に危険を冒し、大きくなり、徐々に学習していきます。成長する過程で食物連鎖に組み込まれていくイカもいます。こうして生き残ったイカだけが春の産卵を迎えることが出来るわけです。

当たり前の話を書きましたが、実はサラッと書いた内容に、「学習する」というのがあります。そう、彼らは学習するのです。成長する段階で、つまり秋から冬にかけてが学習する時期になるわけですが、そんなアオリイカを釣るにはシーズンが進むにつれてより難易度が上がっていくことは想像に難くありません。

「シーズン初めにこの釣り方で釣れたのに……」

「この前はこんなふうにやったら釣れたのに……」

などと過去のことを振り返るのは中級者まで。素早く頭を切り替えて次の対応策を練れるようにしっかり読んでくださいね。

イカの学習速度に遅れないように！

秋イカのシーズナルパターン

・秋イカの生活史

春、緩やかな海域の藻場に産み落とされた子イカは藻の中で身を隠しながらプランクトンを食べつつ成長していきます。そして成長と共に生活範囲を広げ、捕食するエサもプランクトンから魚類、エビなどの甲殻類に変わりより大きくなります。秋になり水温が下がるとともに水温の安定する深場に生活圏を変えるようになり、エサを捕食する時や夜だけ浅場に移動するようになります。そして水温が最も低下する冬場は深場で生活し、春になると産卵のためにまた浅場へやってきます。そして産卵を終えたアオリイカは1年でその短い一生を終えることになります。

・秋イカの行動パターン

このように秋イカは春の産卵期とは全く異なった生活史になります。厳冬期に入るまでの間は成長を目的とした捕食がメインとなるため積極的にエサを追いかけます。特に最初のうちは目の前の動くものを積極的に触る傾向にあり、餌木を見たアオリイカは比較的容易に抱いてきます（触ってきます）。

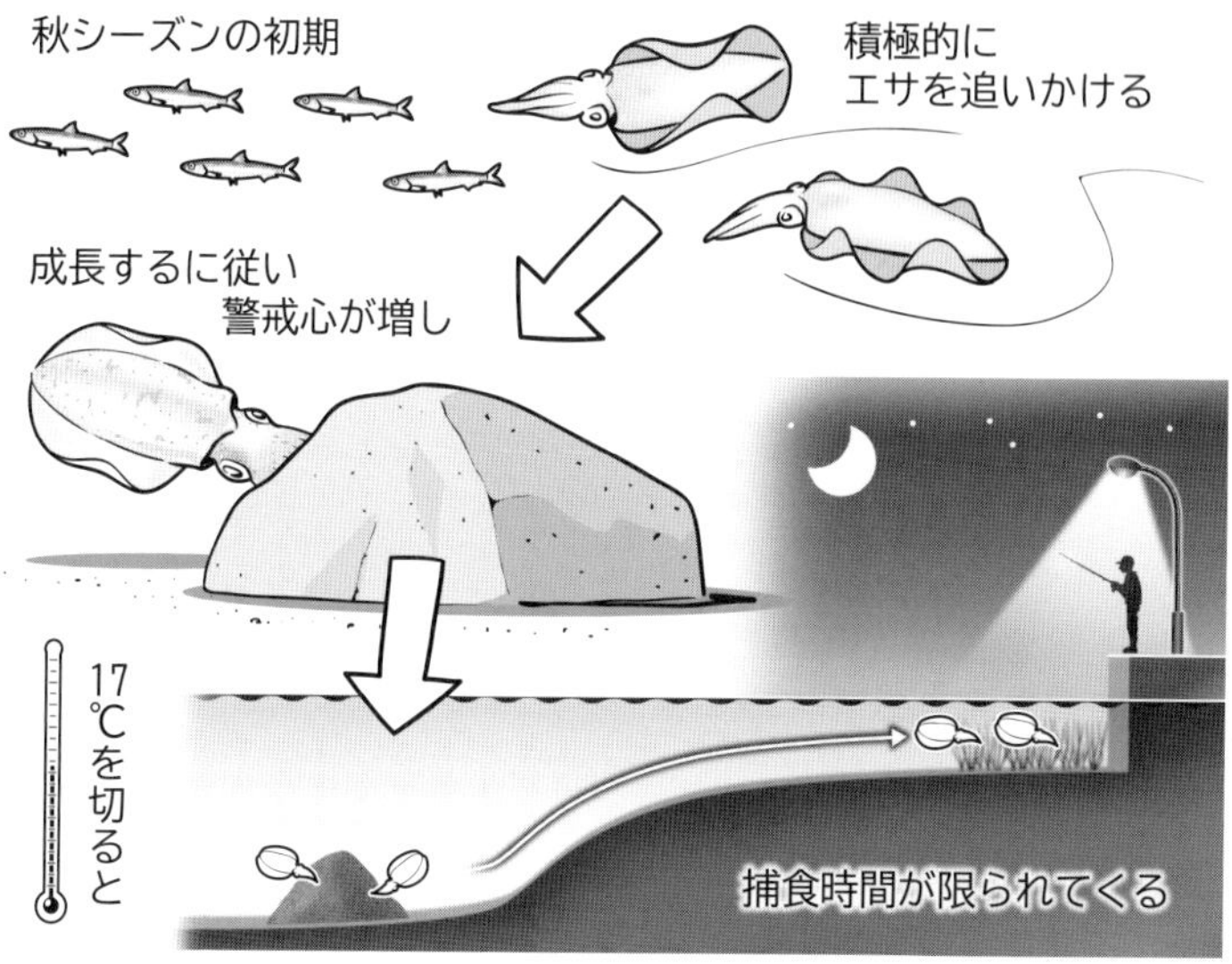
秋シーズンの初期
積極的に
エサを追いかける
成長するに従い
警戒心が増し
17℃を切ると
捕食時間が限られてくる

しかしながら成長するに従い徐々に警戒心が強くなっていきます。群れで浅場に浮いていたアオリイカは徐々に深場の物陰に隠れるようになり、目視できなくなります。また、潮流や月回りも意識し始めます。水温が18℃くらいまでは活発にエサを追いますが、17℃を切ると捕食する時間はかなり限られるようになり、夜間のみ浅場に上がって捕食したり、深場から離れなくなるイカも出てきます。晩秋には水深20～60ｍあたりをうろつくようになり、その周囲で捕食できるエサを探すようになります。

ポイントの見つけ方─春とは全く考え方を変える

繰り返しますが春イカと秋イカの考え方は全く異なります。春イカは産卵中心の行動でしたが、秋になるとそれが成長という要素に切り替わります。つまり、産卵場を求めて行動するのが春イカだとすれば、エサを求めて行動するのが秋イカということになります。ということは、春と秋は釣り方だけではなく、釣りをする場所すらも変える必要があるということです。

具体的な話に移りましょう。まず秋のアオリイカは春のように目の前に来たエサを取るというよりも、エサを探しに行くことになります。このため水深は目まぐるしく変わり、昨日は浅場で入れノリだったのに、今日は深場へ一気に移動していたなど、事前情報だけではどうにもならないほど状況が変化します。その要因を決めるのがエサとなるベイトであり、潮であり、シーズンが進めば水温になります。

オカッパリの場合、シーズン初期は浅場にも広範囲にイカが群れるので、効率よく探るためにもあまり1箇所で粘らず、いわゆるランガンスタイルで数杯釣っては移動を繰り返すと釣果が伸びます。一方、肌寒さを感じる季節になるとディープエリアにもイカが移動

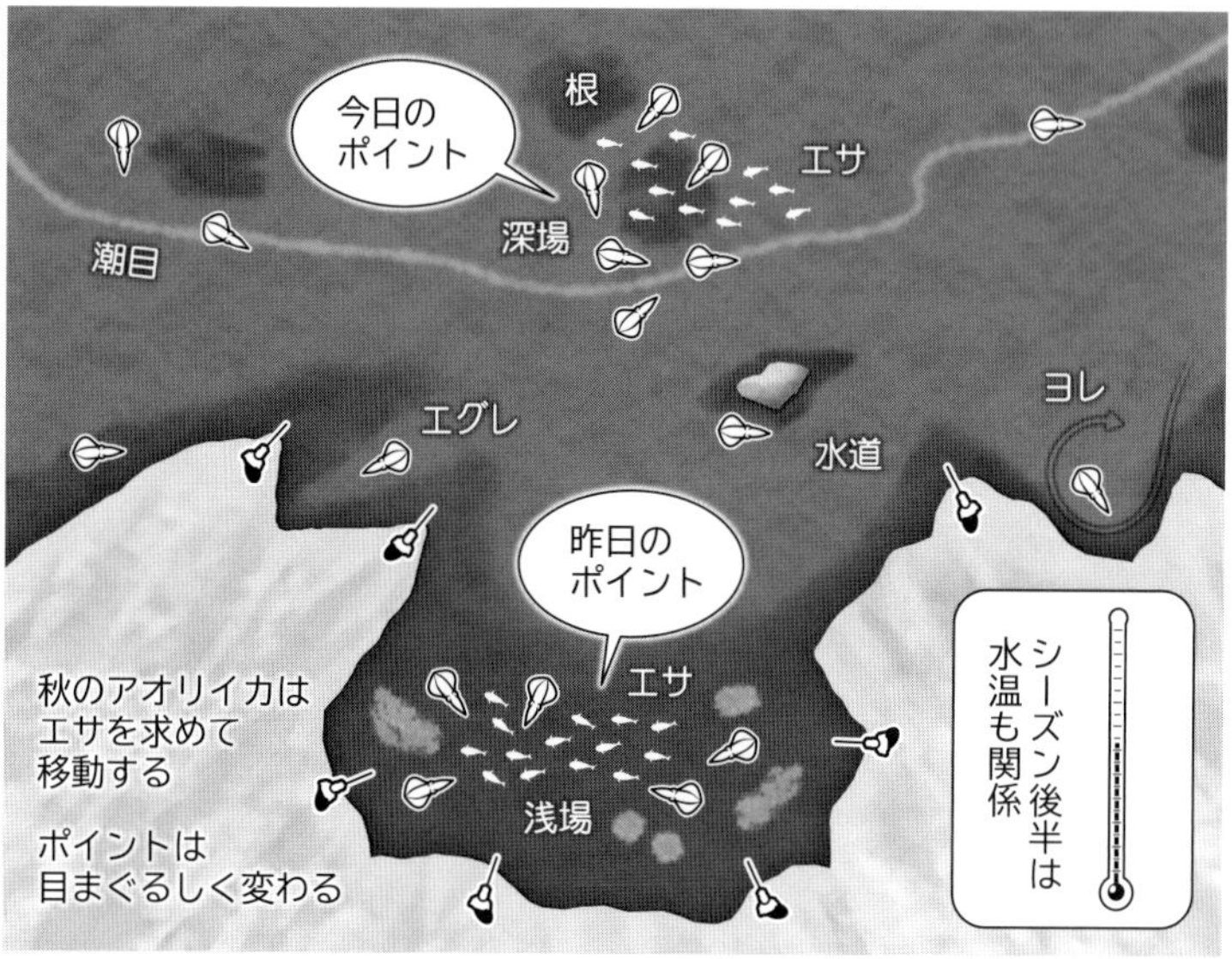

し始めるため、浅場だけをランガンするのではなく、深場が隣接するポイントをじっくりねらうようにするとよいでしょう。

ポイント選定には必ずGoogle Mapsなどを利用して地形を見ておくことをおすすめします。航空マップはより詳しい地形が分かるので、根の位置や水道部、地底のエグレなどが把握できます。こういった場所は潮がヨレやすく、イカが待機するにはもってこいの地形になります。より効果的にキャストを生かすためにも必ず見る癖をつけてくださいね。

ポイントを見切るタイミング

大場所、小場所、実績ポイント、いろいろなポイントがありますが、見切るタイミング、移動のタイミングはどうすべきか？　なかなか難しいですよね。

もちろんポイント移動にもセオリーはあります。そしてこれも春と秋では異なります。基本的に、エサを食べるために動く秋のアオリイカは待ち伏せ型になりにくい習性があります。というのも、春は産卵場というある決まった場所に向かう習性があるのでそこを中心に釣りを展開すればよいのですが、秋はシーズン終盤に深場に落ちるまでは縦横無尽に動き回るため、たとえ実績ポイントでも完全に外すことは珍しくありません。ですから秋はあまり1つの場所にこだわることなく、どんどん移動しながらよいポイントを探していくのが得策です。とはいえ見切るまでに重要な要素は必ずあります。例を挙げてみましょう。

1．地形的に深場が隣接し、潮が動きやすくベイトが入りやすい場所

こういったポイントは潮が動き出すタイミングで一瞬にして居つきのイカが動き出す場合があります。一見してベイトもいなくてイカも釣れないとスルーしがちですが、潮が動

秋の釣り場一例。ポイントを見切るタイミングを会得すると、限られた時間をより効率的に釣ることが可能になる

き出すタイミングが近ければ、その時間まで待つ価値はあります。

2. 地形的にはあまり特徴はないが、ベイトが入ってきた時に釣れる場所

こちらのポイントはベイト依存性のイカが入るので、潮が動いていてもいなくても、イカがいなければあまり粘らずにさっさと見切るのがよいでしょう。こういったポイントで「先週はよく釣れたんだけどな〜」などと未練がましくキャストするのはナンセンス、サッと移動してしまいましょう。

ねらうタナ、シャクリ、フォールは？

エギングの動画などを見ると、気持ちよさそうにテンポよくシャクるシーンが出ていることが多いですね。皆さんも初めてエギングをして楽しいと思えた場面は、シャクリの動作ではないかと思います。秋はまさにそのシーズンです。春と違って果敢にエサを追う個体も多く、我々の予想をはるかに超える追撃、アタックを見せることもあります。したがって、シャクリをマスターすることは最も重要で楽しみを倍増させてくれる要素にもなります。本書は初心者向けではないので基本的なシャクリ方などは割愛しますが、リズムよくシャクリを入れることを意識するようにしてくださいね。

では本題。秋のエギングではねらうタナをあまり厳しく決める必要はありません。たとえば一度着底させてしまえば、あとは着底させずに底層から中層までをまんべんなく探るのも1つの手です。そして餌木が見える範囲まで来たら一気に水面直下まで餌木をシャクリ上げ、そこからロングフォールに持っていくなどの方法も有効です。あえて手前で抱かせることによって沖のポイントを潰さないなど、餌木を抱かせる場所を変えていくことも重要になります。

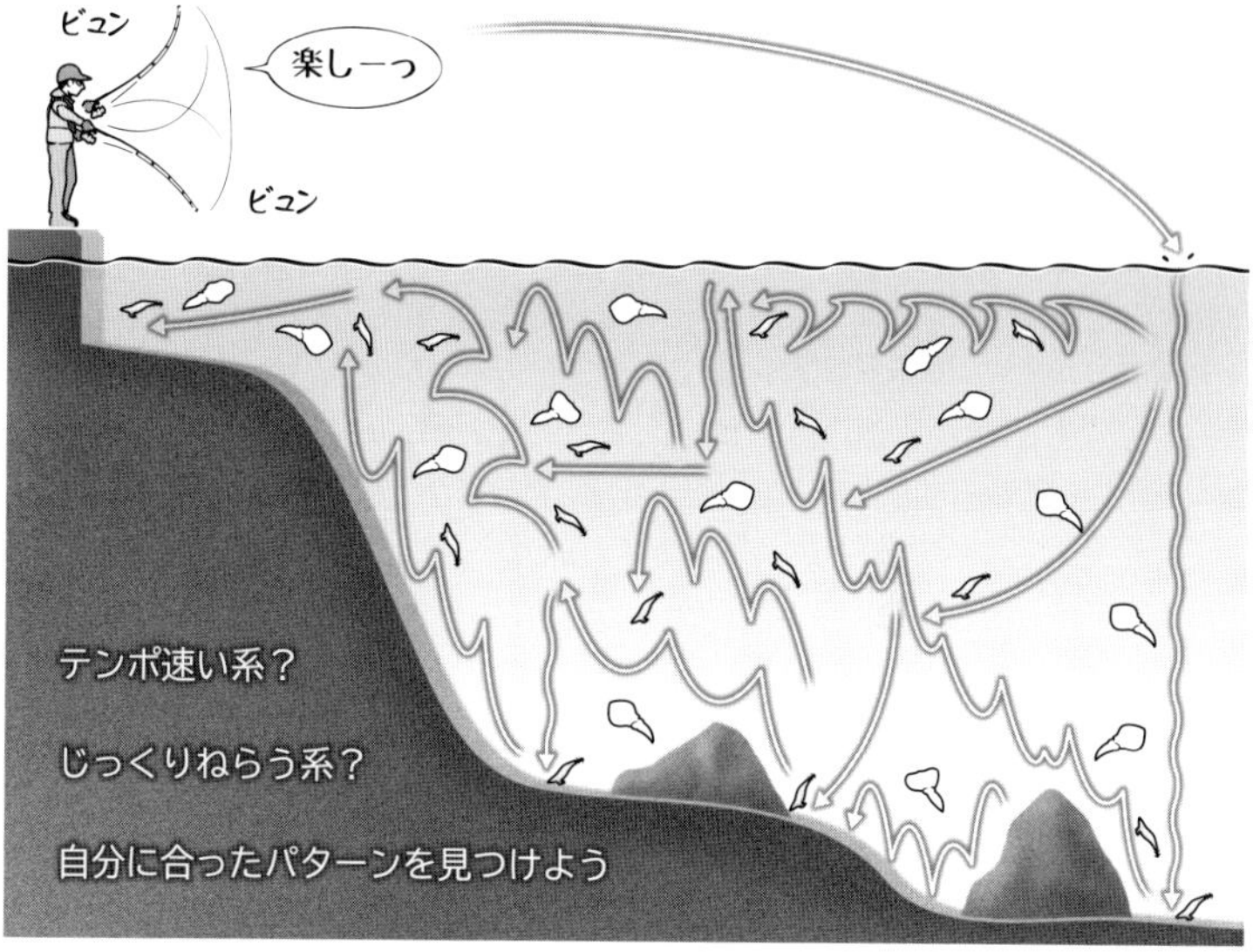
ビュン
楽しーっ
ビュン
テンポ速い系？
じっくりねらう系？
自分に合ったパターンを見つけよう

　ここには書ききれないほどのパターンが存在するのも秋の特徴で、実は上級者でもスタイルが分かれるのがこの季節です。たとえば活性の高いイカをねらうアングラーは比較的テンポの速い釣りを展開しながら場所をどんどん変えていきますし、じっくりねらう系のアングラーはスローな展開を中心に組み立てます。どちらもうまく使いこなせればいいと思いますが、やはり癖はあるもの。自分がどのタイプなのかを意識すれば、より自分に合った釣りに特化して追求することが出来ます。それはやがてその人の「型」になり、ブレない釣りが展開できるようになるのです。

漁港からイカがいなくなるのはなぜか？

これは乱獲問題に絡められがちなテーマですが、今回はその話は抜きにして考えてみましょう。というのも、「漁港からイカがいなくなる理由は人間のせいだけだ!!」と一概に決めつけてしまうとそこで思考停止に陥ってしまい、大事なアオリイカの習性が見えてこないからです。

一見、釣果直結の話ではないように感じるかもしれませんが、アオリイカをどう攻略していくかで最も重要な考え方なので、よく読んで理解するようにしてくださいね。

まず、アオリイカの生活史の復習です。秋は穏やかな湾内で生まれたアオリイカが徐々に成長し、より大きなエサを求めて活動範囲を広げていく季節。そして水深のあるポイントや潮流のあるポイントへと移動して行きます。なぜかといえば、よりエサが豊富だからです。エサを盛んに捕食してどんどん成長するアオリイカは、それに伴い遊泳力がつき行動範囲も広がります。日本海側では1日に10㎞以上移動する個体も見られるなど、我々人間が想像もつかないほど活発に動き回るようすが各地の沿岸部で繰り広げられています。

つまり何が言いたいかというと、人間が漁港で相手にするアオリイカは全体のごく一部であり、またごく一瞬の時期だけなんですね。たとえエギンガーが港に1人も訪れなくても、時間が経てばアオリイカは出て行くものなのです。そして、意外に知られていませんが、岸から届かないエリアにも秋イカは大量に群れています。むしろこちらのほうが資源量としては圧倒的大多数です。

またこれは船に乗ると分かることですが、秋シーズンのスタート当初である9月上旬でもアオリイカは水深20mほどのエリアに群れを成すこともあり、一概に孵化後は浅場で生活するとは言い切れないのが現実です。

例年漁港内に群れているアオリイカがいなかったとしても、沖にストックされていることもあるということです。「今年は少ない」などと決めつけないほうがよいのです。

餌木を極める―ブレない餌木選びとは

毎年必ず新製品が登場する餌木業界。新製品が出ては買い、出ては買い、新しいスペックに心躍り……これもまた趣味嗜好の世界の楽しみの1つであるといえます。初級者・中級者の餌木ボックスにはさまざまなメーカーの豊富なカラーがひしめき合っています。一方で上級者ほど餌木ボックスはシンプルなもの。一体この差は何だと思いますか。なぜ上級者は餌木をいろいろと用意しないのでしょうか。

実はここが釣果に直結する大事な部分なのです。今やエギング界もある程度成熟し、基本性能を外した製品は売れない（というか、そんなものはほとんどない）時代になりました。つまり、新製品が出る時は何か新しい機能を売りにする必要があります。上級者はそこをしっかり見ています。何が新しいのか？　何が違うのか？　どこがどうよいのか？　そして、実際に使ってみてその機能を感じることが出来れば1軍餌木の仲間入りです。

ここで問題です。一体上級者はどこでその感覚を養って来たのでしょうか？

これは例外なくといっていいと思いますが、彼らは絶対的な感覚を「どこかのタイミングで」養っています。具体的にいうと、潮の加減や風の向き、水深によって掛かる抵抗を

1つの餌木で身体に叩き込みます。この絶対感覚を持つことが出来ると一気に釣果が上がるのです。なぜかというと、ある一定条件の中で釣りをしていると、着底が分かりにくくなるタイミングや、シャクッた時の抵抗が変わる場面に遭遇します。この変わるタイミングが一番のチャンスになるわけですが、この時に、1つの餌木を使い続けている人はそのタイミングを瞬時に感じ取ることが可能です。

どこのメーカーでもよいので、とにかく使い込むことによって餌木の「癖」を覚えることが最も重要です。癖を覚えるのは全部のメーカーである必要はありません。1つ覚えてしまえば、あとはその餌木よりも引き抵抗が軽いのか？　重いのか？　早く沈むのか？　ゆっくりなのか？　判断できるわけです。これは、その餌木では対応できない場面に遭遇した時、他の餌木をより効果的に使えるようになることにも直結します。同じ餌木交換という作業でも、このことを理解して行なうか、単に釣れないから違う餌木にするかでは、行為は一緒でも中身は全く違ってきます。

したがって僕がいつもアドバイスするのは、「浮気せずにその餌木を1年間使い通してください」です。するとアングラーは餌木の感覚を身体で覚えられ、どんな場面でもその餌木で何とかしようとします。そうすることで餌木のポテンシャルを知ることが出来ますし、知ることが出来ればさらに無理をして餌木に仕事をさせることも可能になります。結果として技術的な部分、いわゆる他人に説明しにくい感覚の部分が研ぎ澄まされていくのです。

エギングは感覚の釣りとよくいわれますが、上級者はこうやって言葉では説明できない感覚を1つの餌木を使い込むことによって研ぎ澄ませていくのです。浮気ばかりしていては運命の餌木にたどり着けませんよ！

同じ餌木をとことん使い込むことで「絶対感覚」を身につけよう

スキルを上げるために餌木のサイズを変えてみる

ここでは使用する餌木のサイズを考えてみたいと思います。

秋は数釣りのシーズンということで、活性の高いイカは比較的イージーに釣ることが出来ます。その際使用する餌木は、ほとんどがイカのサイズにあった餌木になると思いますが、ちょっと見方を変えるとこんなところにも上達の方法があります。

たとえば秋のスタートシーズンに2・5号の餌木を使用していたとします。通常であれば2・5号で抱かせられるイカを効率よくランガンスタイルでねらっていくというのがセオリーになるでしょう。これも1つの方法ですが、ここで立ち止まって欲しいのです。たとえば3号を使ってみる。すると途端に釣れるイカの数が落ちてしまいます。これはちょっとした餌木のサイズの差で抱くイカが限られてしまうからです。それでも同じ釣果を出そうとするなら、リアクションを駆使したり、ステイの姿勢に気をつけるなど、普段いい加減にしていた細かい操作の部分を見つめ直す必要が出て来ます。

実はこれこそが釣りの引き出しを増やす絶好の機会であり、技術を磨くチャンスなんですね。どうしてもたくさん釣りたいという気持ちは分かりますが、中級者レベルともなれば、シーズン初期のイカを釣ること自体は決して難しくはありません。だとすれば、その時こそイカの反応を見ながらスキルアップできるまたとないチャンスです。2・5号で簡単に抱くなら3号に、3号で簡単に抱くなら3・5号にと、あえて抱きにくいサイズを使って練習してみてください。

数釣りが可能な季節＝レベルアップのチャンス。たとえば餌木のサイズをあえて難しい方向に変えてねらってみるのもいい

フォールの真実

アオリイカはフォールで乗ります。これは間違いありません。フリーフォール、テンションフォール、カーブフォール、水平フォールなど、イカを釣るためのフォールが付く用語がたくさんあります。ところでみなさんこのフォール、すべて理解していますか。ちゃんと説明できますか。実はしっかり理解せずに使っている人が実に多いのです。

たとえばテンションフォールとカーブフォールの違いは何でしょう？　フォールの言葉の定義をしっかり理解していれば、この2つに違いがないことなど一目瞭然です。自分が何を言っているのか分からなければ、それを行動に移すことはできません。しっかり理解して覚えてくださいね。

一番大事なのはこの2つ、フリーフォールとテンションフォールです。エギングにおけるフォールはたったこの2つしかありません。つまり、フリーで落とすのか、テンションを掛けるのか。この2つだけなんです。もっというと、フリーフォール以外のフォールが付く用語は、すべてテンションフォールです。

たとえばカーブフォール、これはテンションを掛けて餌木が手前に寄りながら落ちてくる状態のことをいいます。

一方、水平フォール。これはテンションをさらに張り気味にし、手前に寄る時に下に落ちないスピードでテンションを掛けた状態ということになります。

なんだか言葉にすると難しくなりますが、要するに、テンションの掛け方ひとつでフォールする角度を変えているだけの話で、どれもテンションフォールであることには変わりないのです。したがって、テンションフォールとカーブフォールを並べて違いを語ったりするのは明らかに間違いということになります。大事なことは、このフォール角度をいかに変えてバリエーションを持たせるかです。上級者であれば、「テンションフォールが効果的だった」と聞いた時、どれくらいの角度で餌木が沈むようなテンションの掛け方をしたのか、しっかりと頭に描けるようになっているはずです。

マクロな視点でポイント「探し」

春の場合と同じ考え方ですが、やはりポイント探しが最も重要になります。春には春の、秋には秋のポイント選択があります。ここではあえてどのポイントがどうという話ではなく、もっと大きな目線で考えてみましょう。

タイトルにあえてポイント「探し」と書いたのには大きな意味があります。「選び」ではなく「探し」、何が違うのかというと、今や秘密のポイントなどほとんどないに等しい時代になりました。スマホ1つですべての情報が手に入るようになり、瞬時に場所を知ることが可能です。しかし、そんな時代だからこそポイントは選ぶ

航空写真や時には空からポイントを見ることによって新たな発見があることも

のではなく探して欲しいのです。つまり、この2つは何が違うかというと、ポイント「選び」はすでに分かっているポイントから選ぶという行為ですが、「探し」はポイントを探していく行為です。

別に大して違わないじゃないかと思われるかもしれませんが、これはスマホを例にとると分かりやすいです。「選び」というのは、たとえば1~10のポイントを順番に画面に出していって選びます。一方「探し」は1~10を1つの画面に映し出し、そこから徐々に拡大していく作業になります。これ、実際にやってみると分かりますが、徐々に拡大していくと1~10しかなかったはずのポイントがほかにもよさそうな場所、釣れそうな場所が目に付くようになり、ポイントが20にも30にもなります。たとえ小場所だったとしても、他人がほとんど入らないのであればそこは充分ポイントになりえます。これは10個のポイントを切り取った写真を別々に見ても分かることではありません。

この考え方が出来るようになると遠征が楽しくなります。実績ポイントの情報はすぐに手に入るわけですから、あとは電子マップを使い、拡大、縮小を繰り返しながらまるで宝探しのようにポイントを見つけていけば、出発前から楽しいものになります。現地で困った時も、改めて地図からポイント探しをすることが出来るため、イカがいるポイントを感じ取る技術が格段に上がるわけです。

ロッド選びの基準

エギングロッドを選ぶ基準は何でしょうか。長さ？　軽さ？　調子？　値段？　憧れのアングラーが使っている？　いえいえ、大切なのは自分の体格や筋力、普段行くポイントの足場の高さ、水深などの条件に合っているかどうか。A社のロッドがいいらしいと聞いてすぐに飛びつくのではなく、そのロッドが自分の釣りに合うのかどうかが問題です。

中級者になると持っているタックルがレベルアップする傾向にあります。これは当然で、最初は兼用タックルだったり安価な製品を使っていたのが、より専門性の高い製品が欲しくなるからです。しかしこの時、自分のスタイルを決める1つの要因になるロッド選びを評判だけに左右されて買ってしまうと、その先で苦労しかねません。

大事なのはスペックだけではなく、釣り場に合うかどうか。たとえばショートロッドが流行りだったとしても、よく行くエリアが足場が高ければショートロッドは使いづらいだけです。体格の小さな女性は逆にショートロッドのほうが一日振り続けても疲労が少なく集中力も保てます。このように誰々が使っていたから、新しいロッドが出たから、流行だからなどで選ぶのではなく、常に現場を見据えたロッド選びをするようにしてください。

秋イカの意義

秋イカは決して難しい釣りではありません。しかし、この時期にたくさんイカを釣り、たくさんイカの反応を見て、時に普段しないようなことを試したりできるのが秋のいいところでもあります。いつもどおりに釣るのではなく、一工夫することによって新たな発見があり、そこからさらにエギングが楽しくなること請け合いです。とかく目の前の釣果に目が眩《くら》みがちですが、ステップアップするには経験が必要であり、また重要です。

イカ本来の習性を楽しみながら学べるのも秋のよいところ。たとえ1回の釣行が釣果に恵まれなくても、そこに何らかの明確な意思と目的があれば決して無駄にはなりません。

特に春と違い記録をねらう時期ではないので、釣りたい気持ちを我慢し、経験のシーズンとするのもよいかもしれません。

「我慢も釣果のうち」

ぜひ、秋は楽しみながら上達してくださいね!

III

ティップランを制す

ショアを離れて

オカッパリでのエギングが生まれて早20年、市民権を得たエギングは全国に広がりました。そしてGoogle Mapsの出現により、いつでもどこでも現地情報が手に入るようになり、今やサオ抜けと呼ばれるエリアはほぼ皆無といっていい状態です。当然、漁港、堤防などで知らない場所は存在せず、飽和状態とさえいえます。また、明らかにアングラーのものと思われるゴミや、不法な駐車などにより立ち入り禁止の地域が増えたのも事実。さらに、改正SOLAS条約による港湾施設への立ち入り制限など、列記すればきりがないほどオカッパリエギングの環境は明るいものとはいえません。

このような背景もあり、船に乗りアオリイカを釣るアングラーが増えて来ました。近年では最も人気が出た釣りの1つといっていいでしょう。この章ではその釣り、ティップランエギングをクローズアップして掘り下げてみたいと思います。

なぜこの釣りが楽しいのか？　中毒性があるのか？　オカッパリしかしない方も、初めての方もすでに楽しんでいる方も改めて本章をお読みいただき、より釣りが楽しめるようになればと思います。

ティップランエギングの普及により、アオリイカの釣りの可能性と楽しみは大きく広がった

ティップランは自分からアタリを掛ける釣り

はじめに、次のような状況を思い浮かべてみてください。遊漁船に乗り、満船にもかかわらずその日は調子がよくサオ頭になれたとします。あなたは意気揚々と自宅に帰り、自分は上級者になったと思うかもしれません。しかし別の日、同じく満船になり、今度は頑張ったにもかかわらず調子が悪く船中最下位になったとします。帰り道、あなたは「今日は手が合わなかった、釣り座が悪かった、餌木が、サオが……」と、釣れなかった理由を探しているかもしれません。

そんな経験、ありませんか？　もし似たような状況があったとすれば、あなたは間違いなく中級レベルの壁を破れていません。そして、現時点で何が悪いか明確に分からなければ、この先も永遠にそのままですよと断言します。いや、分かったとしても問題点を克服できなければやはり同じことです。上級者はあなたが「ああすればよかった」「こうすればよかった」をすでにやっているのです。

ティップランの場合、上級者と初心者の差は歴然で釣果がひっくり返ることはありませんが、中級者は頻繁に釣果が入れ変わります。この逆転現象をなくすためにもしっかり読んでいきましょう！

　それではまず、この釣りの概要です。タックルは至ってシンプルで、ＰＥとリーダーの先にスナップと専用餌木が付くだけのものです。ひとつテンヤやジギングなどと同じく、余計なものが付いていないのが特徴です。これはオカッパリとほぼ変わりません。「ほぼ」といったのは餌木が専用であるため。この専用餌木を底まで沈め、シャクリ上げてアタリを待つというのが基本的な釣り方です。

自分からアタリを掛けていくティップランは、一度体験するとハマること間違いなし

　オカッパリがキャストをして横の釣りであるのに対し、ティップランは下に落とす縦の釣りといえます。そして、専用餌木は深い水深でもしっかりと底取りが出来るように頭が非常に重く作ってあります。アタリを待つ時は常にテンションを保っておく必要が

ありますが、テンションが掛かっているのでイカが触れば必ずアタリが分かります。つまり、勝手にイカが「乗っていた」がほとんどなく、自分からアタリを掛ける釣りといえます。ここが最大の醍醐味であり、一番興奮する部分でもあります。

「アオリイカとはこんなアタリを出すものなのか！」「こんな小さいアタリがあるのか！」「こんなアタリを取った！」「近づいてくるのが分かった！」など、ティップランを経験した方が例外なく中毒になってしまう理由はここにあります。まるで脳を突き抜けるような快感はやった者にしか分からない、魅惑の釣りといえます。まだ経験したことがない方も、ぜひこれを機にチャレンジしてみましょう！

原稿を書いている今も、この釣りを考えついた時のことがよみがえります。あまりの楽しさに時間を忘れ、誰かに言いたくて仕方なかった記憶があります。しかし当時は釣り雑誌に投稿しても反響は一切なし。ブログに書けばコメント欄が荒れるなど散々でしたが、徐々にファンが広がり、その後各メーカーが参入するようになったのはうれしい限りです。

今やティップランは、アオリイカが釣れるところであればどこでもやっていただける釣りになりました。先日など、ある離島の漁師さんがこの釣りをやっていたのを見て、ついに職業漁師まで自分の編み出した釣りをするようになったのかと感慨深いものがありました。

中オモリ式に隠されたキモ

船のアオリイカ釣りといえば一昔前は中オモリ式しかありませんでした。それは皆さんもご存じかもしれませんが、ではなぜ今さらここで中オモリ式（以下、中オモリ）の説明をする必要があるの？　と思われるかもしれません。実際、ティップランを楽しむアングラーで中オモリの経験がある方は1割もいないでしょう。ところがこの釣りにも大きなキモが隠れています。

簡単に釣り方を説明します。仕掛けは次頁図のとおり。

まず、仕掛けを着底させ、ハリスの長さぶん巻き取ります（船によっては水面から何mと指示がある場合もあります）。たとえばオモリから餌木までが4ｍの場合、水深20ｍならオモリの位置は15～16ｍです。これならリーダーぶん餌木が落ちても根掛かりしません。あとは、一定のリズム（5～10秒）で鋭く1回シャクリを入れます。基本はこの繰り返し。待っている間にイカが乗れば次のシャクリで重みを感じます。

おそらく中オモリをやりたくない人の理由の多くが最後の一文、**「待っている間にイカが乗れば次のシャクリで重みを感じます」**でしょう。しかし、ここではその問題は置いて

中オモリ式タックル&仕掛け

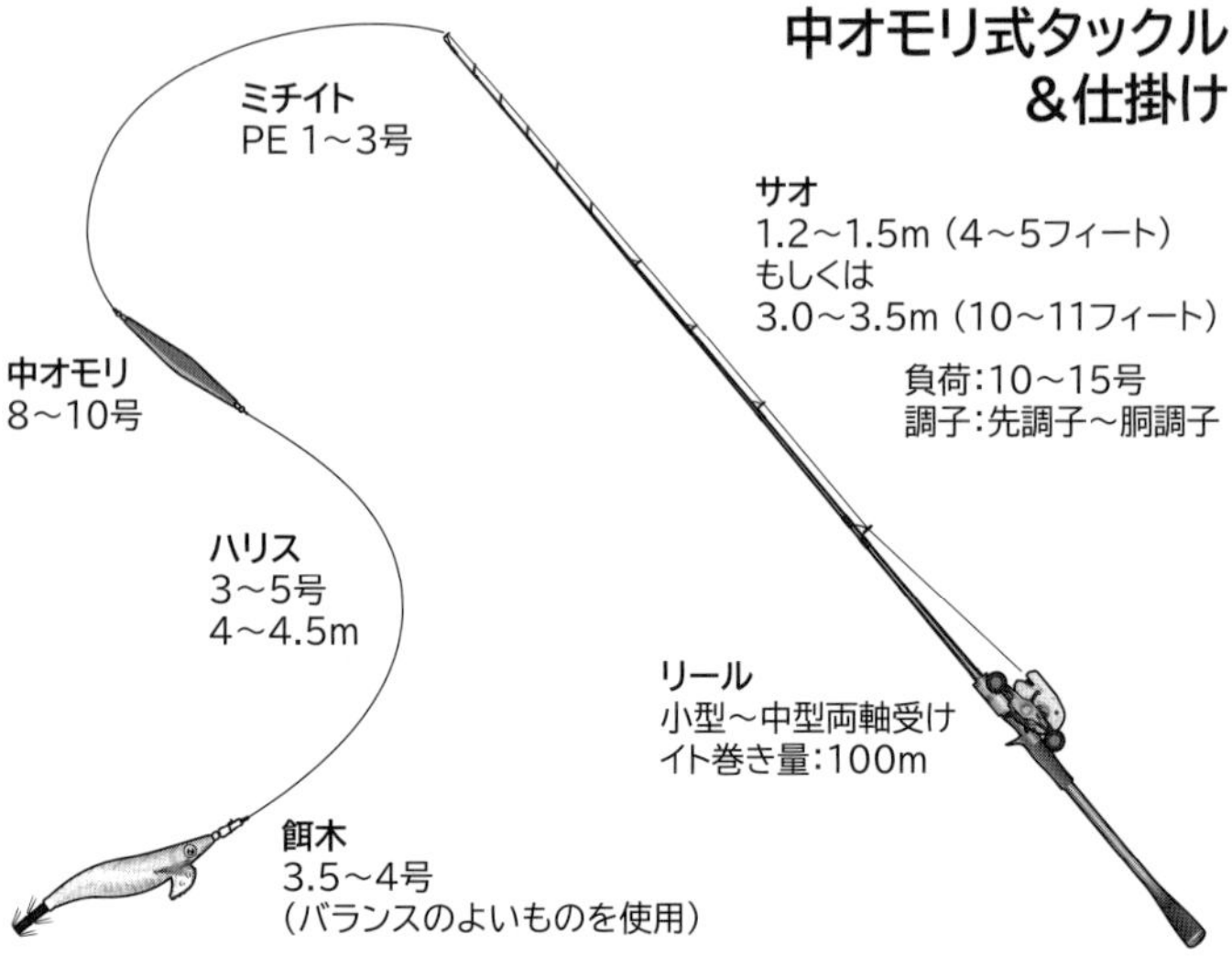

おき、重要なのは餌木の挙動です。中オモリでは、根掛かりしない程度の底付近に餌木を持っていった後は、サオ1本分（1・5m前後）シャクる動きしかしていません。つまり、餌木は底から3m以内でずっと上下に動いているだけです。ここが重要ポイント。沖でアオリイカを釣る場合、無駄にシャクリ上げて中層まで探る必要はありません。

　言葉にすれば至って簡単ですが、実は、このことが分かっていないアングラーは驚くほど多いのです。まずはしっかりと頭に入れておいてください。もしあなたがその中の1人なら、読み進めていくうちに今までの間違いがよく分かるはずです。

最重要！　基本の考え方＝ねらうは底付近のみ

中オモリの項で解説したように、アオリイカは底付近にいます。この傾向は水深が深くなればなるほど強くなります。したがってねらうのは底付近、いやむしろ底付近以外ねらう必要がないと言い切ってもいいでしょう。これが大前提、基本的な考え方です。

「そんなのは当たり前じゃないか！」と、思われるかもしれませんが、今までたくさんのアングラーの釣りを見てきて初級者・中級者と上級者の間に決定的な差があるとすれば、おそらくここだと思っています。

実に簡単なことを書いているように見えますが、中級者までのアングラーに決定的に足りないのは、水中をイメージする力です。特にオカッパリから移行してきたアングラーが最も陥りやすい落とし穴がここです。

では、何がオカッパリと違うのか？

イラスト（次頁）を見てください。オカッパリはシャクッて止めてを繰り返しても餌木は底付近を移動します。しかし、同じ動作を船でやると2回目のシャクリから餌木は上へ上がるだけで底から離れていきます。これを現場で説明してもなかなか分かってもらえません。いったんは理解してくれたとしても、ほとんどのアングラーがすぐに忘れてしまい、いつの間にかシャクリ上げています。しかし、イカがいないところで餌木をシャクッても永遠に釣れることはないのです。

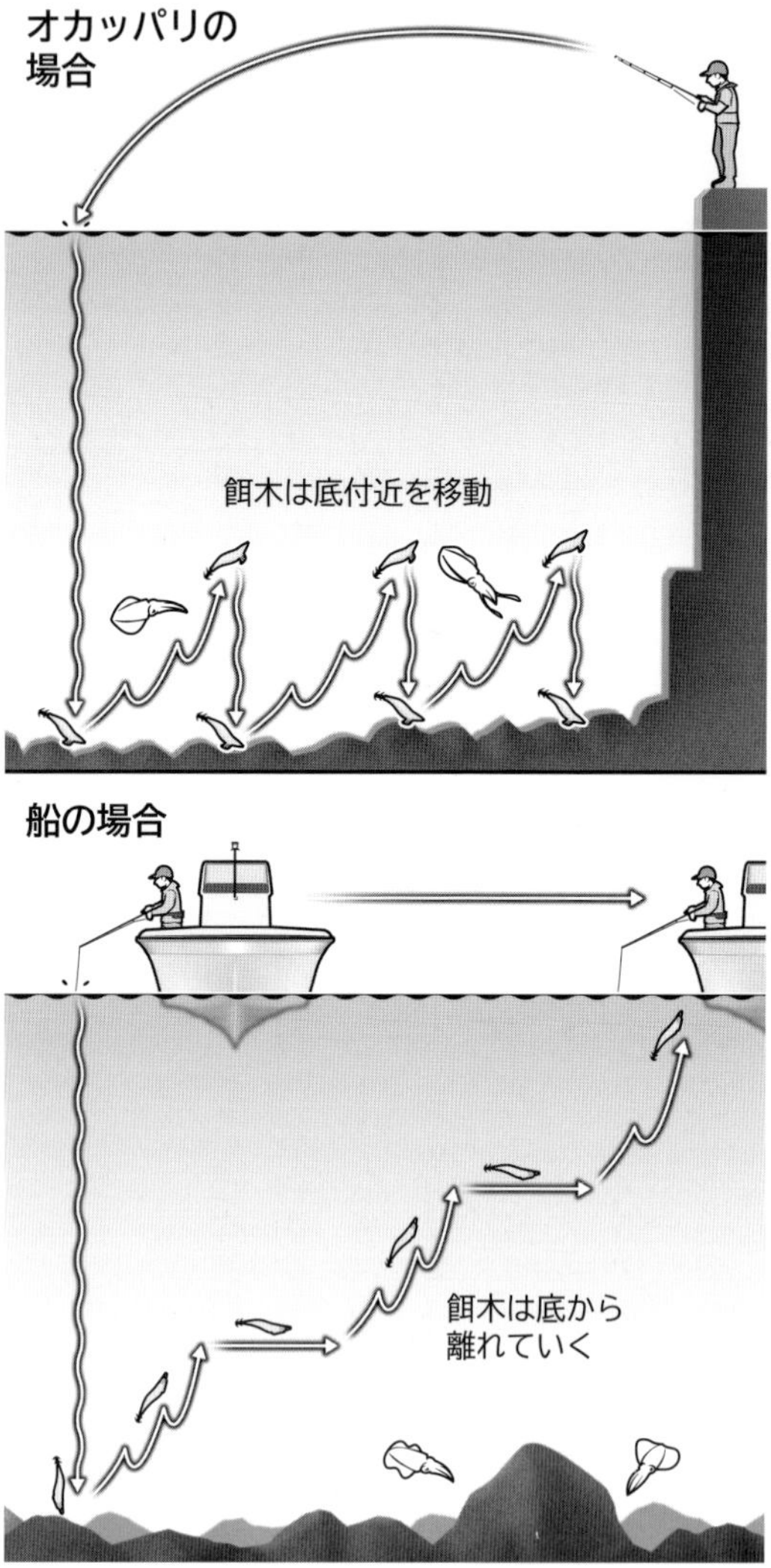
オカッパリの
場合
餌木は底付近を移動
船の場合
餌木は底から
離れていく

続・基本の考え方

基本動作は別項で改めて解説しますが、海中では水深が深くなればなるほど大型魚に捕食される機会が増えます。このため、捕食する側でもあり捕食される側でもあるアオリイカは、むやみにフィッシュイーターの前に姿を晒《さら》しません。そして彼らは捕食しやすく、捕食されにくい位置を常にキープすることを心掛けます。その傾向は大きくなればなるほど強くなります。

九州ではアオリイカのことを藻イカと呼びますが、これも藻の周辺に隠れていることから付けられた名前です。つまり、本来アオリイカはむやみやたらに出歩かないのです。さらにいうと、よほど執着しない限り大きなイカは深追いしません。

さて、ここで釣りの話に戻ります。中級者の場合、シーズン初めの9～10月にはよく釣れるのに（そして大抵はここで勘違いする）、11月以降の水温低下と共に釣果も低下の一途を辿るようになります。この時初めて上級者との差を実感して思うのです。

「自分の釣りには何が足りないんだ⁉」と。

このことが何を示しているかというと、単にイカが賢くなるからだけではなく（どんなターゲットも大きくなれば賢くなる）、前項でも書きましたが、多くの場合一番の理由は、ねらうタナが狂う（底から餌木が離れていく）ことによって深追いしないイカが釣れなくなるからなのです。

9, 10月
爆釣！
天才？
11, 12月
今日はこの一杯だけ…
なぜ～

ティップランの基本動作

では、基本的な釣り方をおさらいしてみましょう。

1. 餌木を落とし着底させる。
2. 5～10回シャクリを入れる。
3. テンションを掛けアタリを待つ。
4. 当たらなければ1に戻る。
5. 1～3を2、3回繰り返し回収。

これだけです。細かい話はまた別にしますが、この動作の繰り返しがしっかりできている人が驚くほど少ないのです。

何度でも書きますが、どうしてもやってしまうのが餌木をシャクリ上げていってしまう動作です。つまり、4で1に戻らずに2に戻ってしまうのです。シャクッてアタリを待つ→落とす、ではなく、シャクッてアタリを待つ→またシャクッてアタリを待つ、になってしまうのです。オカッパリと違い、シャクリ続けると横ではなく上に餌木が上がってしまうのでイカは釣れませんよと言ってもシャクッてしまう。もしかして過去によい思いをしたことがあるのかもしれませんが、それはたまたま釣れてしまっただけで、むしろイレギュラーなのです。

この癖が9～10月の子イカシーズンに身についてしまうと、なかなか抜けません。しかし、どんなにアタリがなくても、「もしかして中層に上がっているのかも？」などと考える必要はありません。イカはフォールする時から餌木を見ています。

話を戻しましょう。基本動作は1～3をワンセットやる毎に底を取り直すことが大前提です。

じつはこれ、よく考えれば分かることで、活性が高いイカは、ステイがいい加減で触るだけだったとしても、そのまますぐにフォールさせると追いかけてきて抱くことがあります。また、フォールで抱かなくても二度目のステイで乗る可能性があります。誘い上げても同様です。

一方、活性が低いイカはどうか？　シャクリ上げると追いかけてこなくても、そこで落としてあげれば目の前に餌木が落ちてくるのでよりチャンスが広がります。しかし、シャクリ上げていくと追いかける活性がないのでチャンスが減ってしまうのです。

つまり、しっかりとフォールさせることで活性の高いイカはもちろん、活性が低いイカもねらえる＝倍釣れる可能性が生まれるということなのです。

上級者

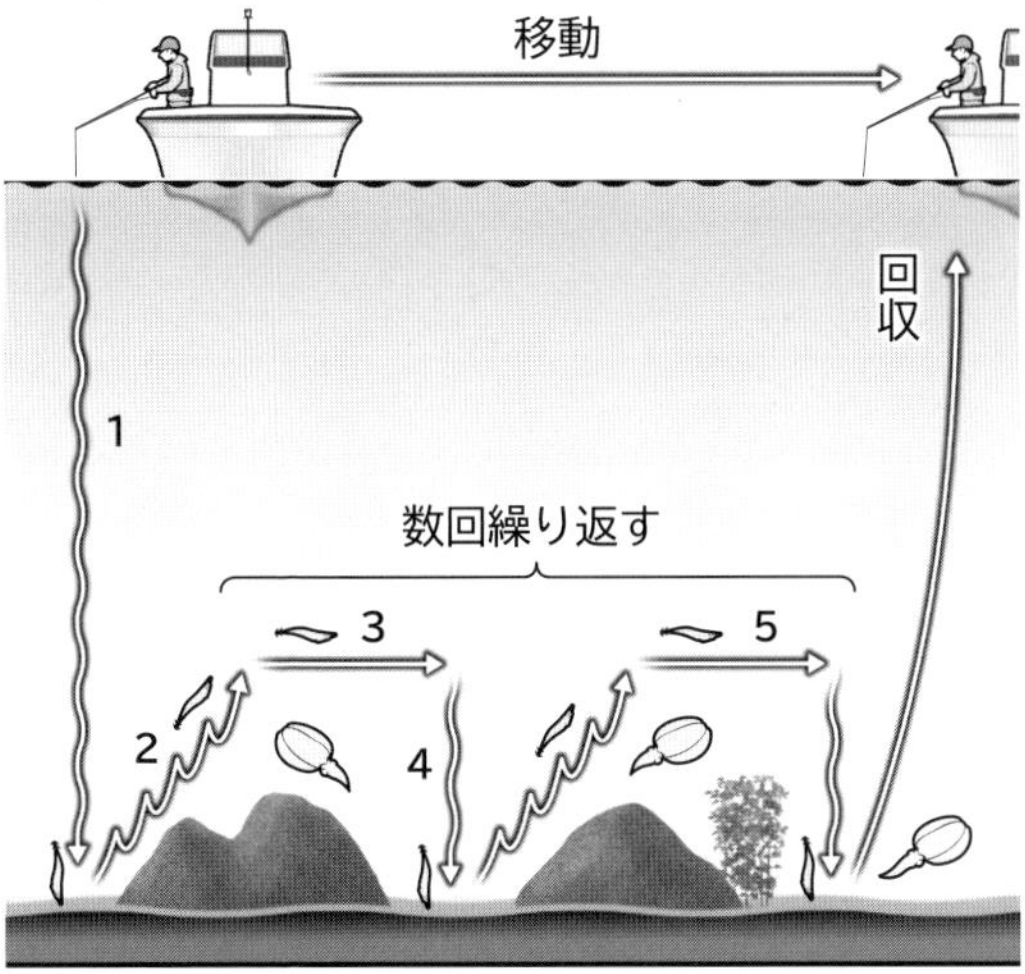

中級者

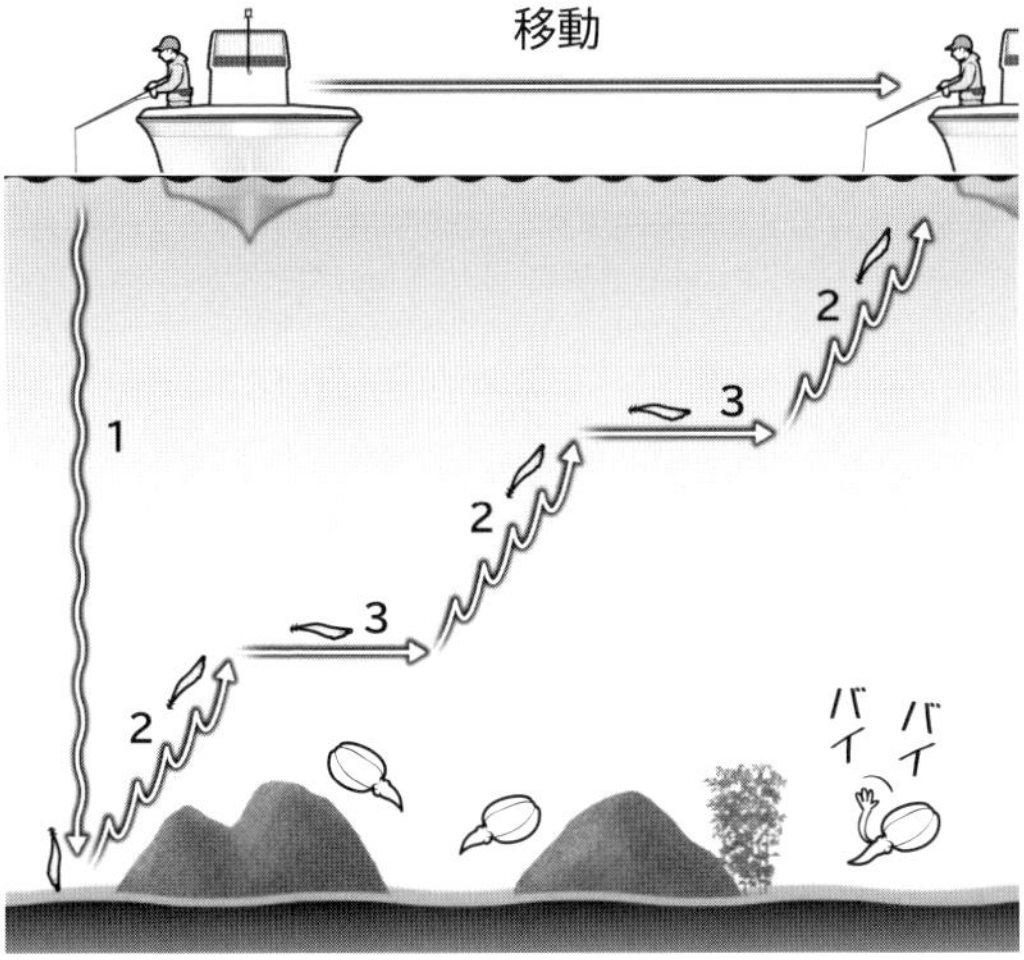

シャクリ回数の常識に騙されるな！

よく、「何回くらいシャクればいいですか？」と聞かれます。この質問に決まった答えはありません。そして、この回数問題の本質を理解していないと釣果は半減することになります。ティップランの釣りでは底のみをねらえばよいはずで、さほど難しい話ではなさそうに感じますが、意外に盲点になりやすいのでご注意を。

ではもう一度前項の基本動作1から見てみましょう。餌木の着底後、すぐにシャクリ動作に入ります（シャクリの詳細は別の項で）。この時、イトフケが出ている状況ではシャクリを入れてもアングラーは餌木の重みを感じません。実はここが重要ポイントです。このシャクリを回数に数えてはいけないのです。なぜなら餌木がほとんど動いてないので、イトフケぶんを回収しているようなもの。その後、シャクリを入れているうちに徐々にロッドに負荷が掛かってきます。この負荷が掛かった時からをシャクリ回数としなくてはいけません。

また具体的な例として、浅場で風が弱い時と深場で風が吹いている時とでは、シャクリ回数は倍以上になることもあります。ですから一概に、「シャクリ回数は○回ですよ」とは言えないのです。

さらに、そのシャクリが着底して1回目のシャクリなのか、再度着底を取り直して2回目なのかでも状況は違ってきます。このように、シャクリ回数というのはケースバイケースで目まぐるしく変わるものであり、回数を決めつけることなどほぼ不可能だということがお分かりいただけると思います。

ただ、1つだけ重要なのは、しっかりと餌木を動かすこと。負荷が掛かってから少なくとも5回くらいはシャクる必要があります。特に水深があってラインが出ている時は、それ以上の回数が必要です。また、シャクリの幅もアングラーの体格・体力等によってかなり個人差があります。自分のシャクリが弱いと感じている人は、そのぶん回数を増やさなければいけません。

餌木はアピールしてなんぼ、深場が苦手なアングラーは、ぜひこのへんを注意するようにしてくださいね！

餌木の選択は何よりもまず「重さ」

現在各メーカーからさまざまな専用餌木が発売されていますが、それらの特徴を理解しているとは言いがたい使い方をしているアングラーがいかに多いかということについて、何度か触れてきました。そして、餌木の重さを調節する、餌木を交換するアングラーもまた少ないのが現状です。それはなぜか?

餌木の交換が面倒だからです。そして、餌木の重さの調整・変更・交換が釣果にさほど影響しないと思っているからです。大して釣果に影響のないカラーの交換には頭を悩ませるわりに、重さの交換には全く無頓着《むとんじゃく》だったりします。

餌木の選択は何よりもまず「重さ」です。色ではありません。しかも、それは周りが何グラムを使っているからなどといったことではなく、自分の釣りにその餌木の重さがマッチしているかどうかです。

例を挙げましょう。Aさん（上級者）が水深18mのポイントで釣りをしているとします。通常なら彼は軽めの餌木を使います。朝イチは海が穏やかで、順調に釣れましたが次第に海が荒れてきたため、着底は問題なく把握できるのですがAさんは1つ重い餌木に交換し

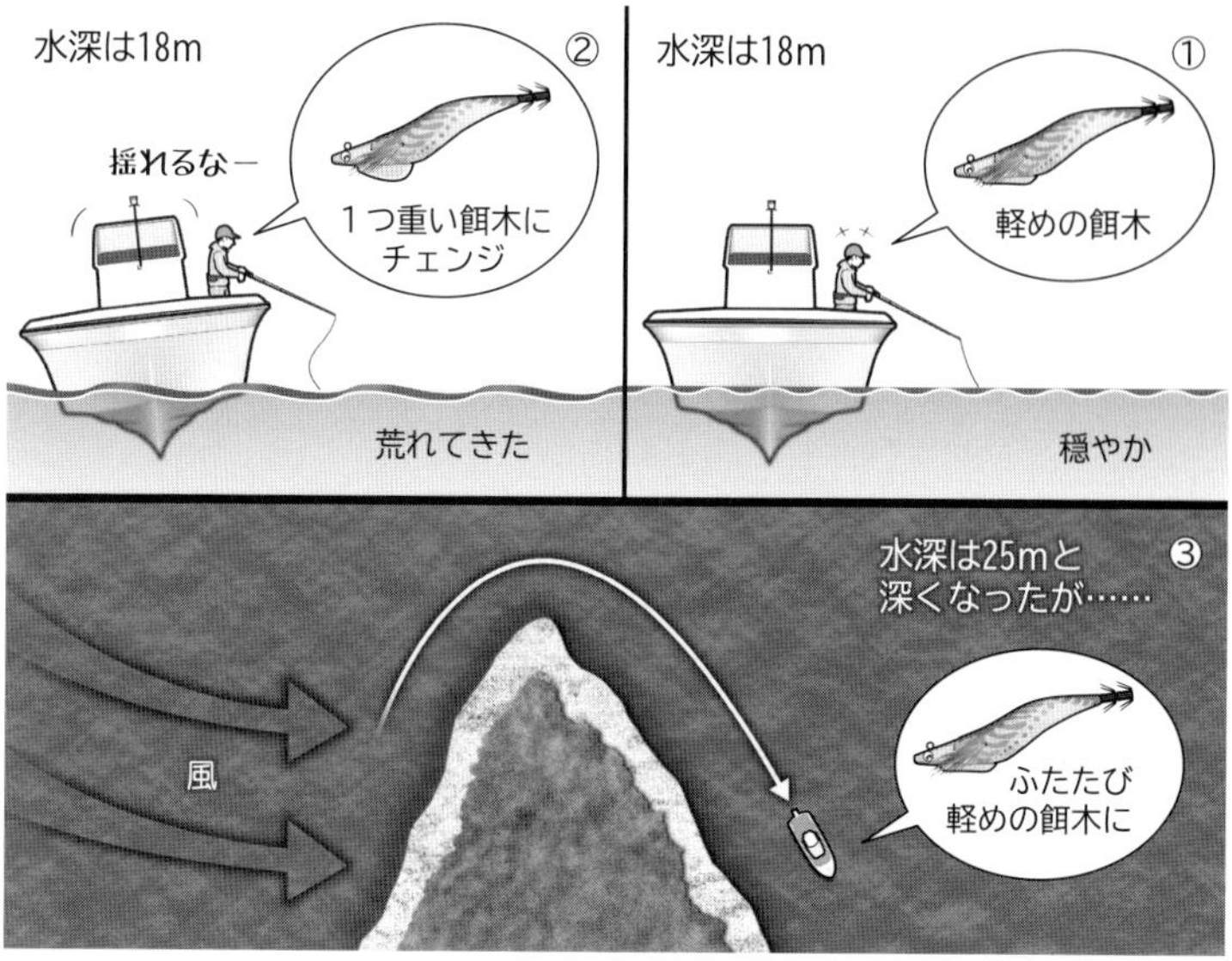
水深は18m
①
軽めの餌木
穏やか
水深は18m
②
揺れるなー
1つ重い餌木にチェンジ
荒れてきた
水深は25mと深くなったが……
③
風
ふたたび軽めの餌木に

ました。これは、餌木が軽すぎてふらつくため、「あえて」重くしてふらつきをなくしたかったからです。海はさらに荒れてきたので風裏に入ることに。今度の水深は25m、しかし風の影響を受けにくい場所なのでAさんはふたたび軽い餌木に戻しました。水深は深くなっているにもかかわらず、餌木は軽くしたのです。

このように、本当の上級者はポイントが変わるごとに、そこに適した最適の重さの餌木を素早く判断し、選択します。面倒くさがらず、常に最適の重さを選択することが釣果を伸ばす大きなコツであることを知っているからです。餌木の交換を面倒臭いと思っていては、いつまで経っても上達しませんよ。

ティップランに適したタックル選び

タックルは、いうまでもなく重要です。今使っているタックルを見直すうえでも本項をしっかり読んでください。

●ロッド

ティップランに求められるロッドの性能を理解している人は、中級者にも多くはいません。ではこの釣りに必要なロッドの性能とは何でしょうか。

1．しっかりシャクれること

2．しっかりアタリが取れること

実は、たったこの2つです。毎年各メーカーから新製品が発売されますが、ロッドはまずしっかりとシャクれることが重要です。たとえば水深が深い場

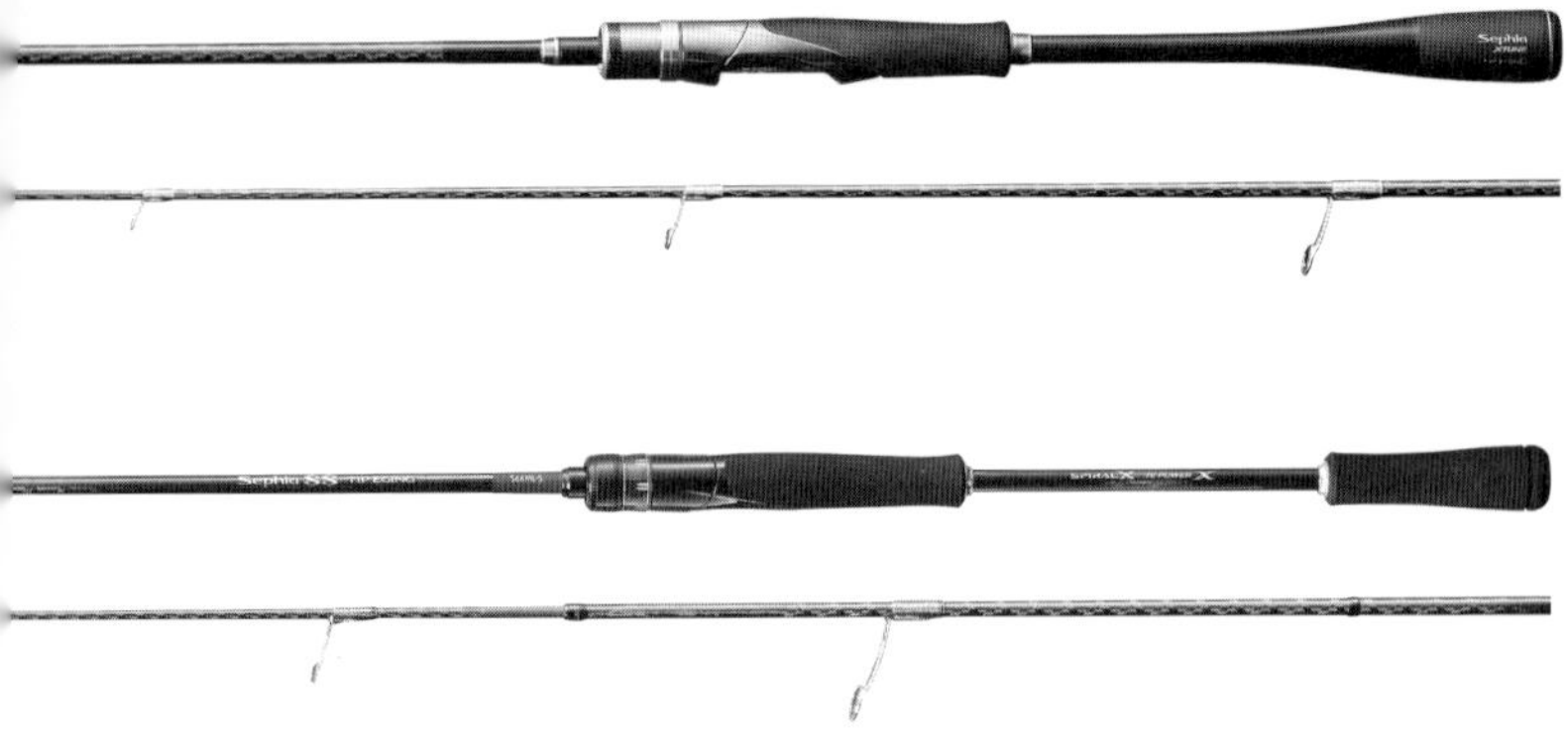

所では腰のあるバットが必要になりますし、浅場では柔らかめのロッドが必要になります。すべての水深を1本でこなすのはなかなか難しいものです。そして、わずかな「触り」を感知するための繊細な穂先も必須です。ソリッドなどの極細ティップはこの釣りの生命線ともいえます。

基本的にはこの2つの性能を備えていればほとんど問題はないといっていいでしょう。

ただし、ロッド選びで必ず犯す間違いがあります。これはティップランに慣れ、自分でロッドを選べるようになったアングラーが次の1本を買う時に最も陥りやすい間違いです。いいですか？　しっかりと読んでください。

僕はよくイベントや釣り場などでロッド選びの質問をされることがあります。

「どんなロッドにすればいいですか？」

●セフィア エクスチューーン ティップエギング S610L-S

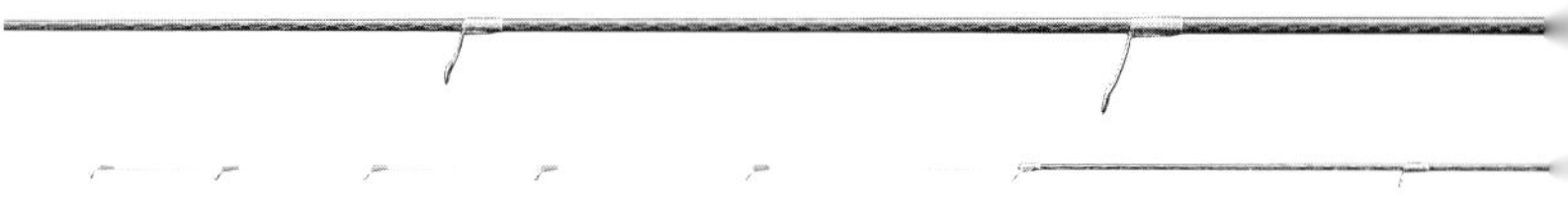

●セフィア SS ティップエギング S66ML-S

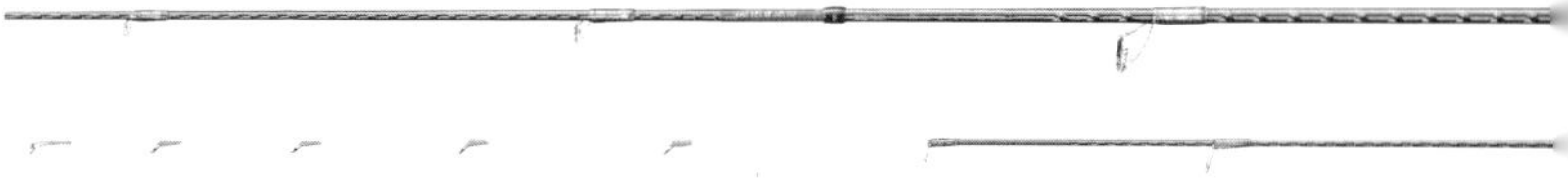

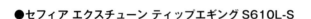

この時、必ずこちらから質問返しをします。

「普段どれくらいの水深でやりますか？」

こう聞かれると、「深いと40～50ｍまでやります！」と答える方がかなり多い。しかし、これが実は一番マズイ答えなのです。なぜだか分かりますか。

こういった答えをする方にしっかり話を聞くと、「通常は15～30ｍだけど、たまに行く深場が50ｍくらい」という場合がほとんどなのです。つまり、一番多く釣りをする水深がサオ選びには最も重要なのに、なぜか水深自慢をしたがるアングラーが多い（オレはこんな水深でもやってるんだぜ、的な）。それがためにロッド選択を間違えてしまうのです。たまにしか行かない水深のことなど言う必要がないのです。そうでなければ適正なロッド選択などできません。重要なのは「一番多用するロッドをどれにするか」なのです。

こう言うと、必ず返って来る反論があります。「その硬さは他社のを持っています」というものですが、だからこそ同じ硬さを買って欲しいのです。たとえば重さは各メーカー共通（というか世界共通）ですが、ロッドの硬さは各社がそれぞれ決めているだけで、統一基準など存在しません。たとえばＭＬという硬さは、極論すれば開発者の傾向でしかなく、自社のラインアップでそう書いてあるだけです。ですから他社のサオを買う時は必ず同じ硬さ（の表記）のものにして欲しいのです。こうすれば各メーカーのロッドの硬さの基準が分かり、次の1本をどれにすればいいか明確に分かります。自分の好みのロッドに辿り着くには、実際に同じ硬さ表記のもので使い比べる必要があるのです。

●リール

現在は2000～3000番中心ということでサイズは落ち着いています。たとえば1000番クラスでは巻き取り量が少ないことと、パワーがないので釣りがしんどくなります。逆に4000番までサイズを上げてしまうと重量が釣りの邪魔をしてしまいます。もし、1000番か4000番を使われているのであれば、ぜひその間のサイズにしてみてください。釣りがより快適になること間違いなしです。

●セフィアSS　C3000S

●ライン・リーダーの組み合わせ

ＰＥラインの太さと強度、アタリの明確さはそれぞれがトレードオフの関係にあります。細くすれば潮の影響を受けにくくなり沈下スピードも速くなります。アタリもより明確に分かるようになります。しかし少しの傷でも切れやすくなってしまうため、扱いを慎重にしなければいけません。一方、太くすれば強度が上がるので根掛かりしても回収率が上がります。しかし、潮受けしやすくなり水切れが悪くなるのでアタリはぼやけてしまいがちです。これらの特徴を理解し、どの号数を使うかを決めるようにしてください。

一般的には0・6号を中心とし、太くても0・8号、細ければ0・4号としています。かつては1・0号を使う方もいましたが、そこまで太くしてしまうとティップランという釣りそのものの魅力が半減してしまうため今はほとんどいなくなりました。

リーダーは1・5〜2・5号まで。ＰＥの太さに応じて決めるのがよいと思いますが、あまり細すぎてもメリットはありませんし、逆に太すぎてもＰＥラインとの強度のバランスが悪くなってしまうためお勧めできません。僕は1・5〜2・0号をＰＥの太さ（0・4〜0・6号）に合わせて使い分けています。特に細ければ偉いというわけではないので、根が荒い場所は太め、フラットなエリアが多ければ細めなど、状況によって使い分けて頂ければよいと思います。

●セフィア フロロリーダー

PE ラインの太さに応じて 1.5 ～ 2.5 号を選ぶ

●セフィア 8（PE ライン）

一般的には 0.6 号が中心

PE ラインの号数選択は太さの違いによる特徴をよく理解してから決めよう

光量や水深による餌木のカラーの使い分けは？

不要です。

僕は常々こう言い続けて来ました。

「動きに勝る色はなし！」

しっかりとしたシャクリ、ステイ、状況に合った餌木の重さの選択が出来ていれば、色では大して釣果に差は出ません。しかも、状況に応じて色を変えるといっても、その状況がどんどん変わるのであれば、その場・その瞬間、現場にいなければ分かるはずもないのです。つまり、天気がどうだからこの色などというのは全くあてにならない話で、参考にすらなりません。全国津々浦々でアオリイカ釣りをしてきましたが、シャクリ、ステイ、重さの選択を間違わなければまずアオリイカは釣れます。そしてそれが出来ているアングラーは例外なくしっかり釣果をモノにしています。

餌木の色は二の次。大事なのはしっかりとしたシャクリ、ステイ、そして状況に合った餌木の重さの選択が出来ていること

シャクリをマスターするために

シャクリもこの釣りの重要な要素の1つです。しっかりシャクリを入れ、餌木に命を吹き込み、まるでエサと思わせられなければイカは釣れません。シャクリは餌木に命を吹き込む重要な作業です。しっかりマスターしましょう。

今やいろんな動画で有名アングラーの釣りが見られるようになりました。そこで大事なことは格好よさでもイレギュラーな動きでもなく、**「リズムよくシャクること」**。実はこの一言に尽きます。たとえば僕の釣りを見てもらえば分かりますが、シャクリのリズムは一定でほとんど変化がありません。

唯一違うとすれば、水深やイトフケの量によって回数や強さが変わる程度です。餌木が軽ければ軽快に、重ければ力強く。これは浅場でも深場でもしっかりと餌木を動かすためです。そして大事なのは実際にしっかり餌木が動いているのを実感すること。単純な作業の繰り返しだからこそ毎回注意してシャクらなければいけません。

たとえばオカッパリではいろんなシャクリを多用するのに対し、ティップランではそういった難しい動作は必要ありません。イレギュラーなシャクリはロッドの穂先にラインを絡めるだけですし（大抵の人はこれでサオを折ります）、餌木の特性上、リズムが崩れると餌木の頭が下を向いてしまい、次のシャクリで餌木の頭を再度上げなければいけません。これでは無駄な力が必要になるだけです。また、専用餌木は垂直に落ちるため、イレギュラーな動きをするとカンナがラインを拾って逆さまになってしまいます。となると、結局一番正しいのはリズムよく、テンポよくシャクることに行き着きます。

なんだ、簡単じゃないかと思われるかもしれませんが、実はそれだけでＯＫなのです。そう考えれば思った以上に釣りが単純化されるはず。

ただし、しっかり動かせないと釣果は半減します。特に、重い餌木を使う方は要注意。次の項でも説明しますが、ドラグの強さなども考慮し、しっかりとシャクる癖を付けてくださいね。

リズムのよいシャクリ方のキモ

ベテランアングラーのシャクリを見ていると実に気持ちのよいリズムでシャクッているのが分かると思いますが、実はこれには大きな理由があります。それについては次項で詳しく解説しますが、ここではまずその方法を紹介します。

ティップランで行なうシャクリはいわゆるワンピッチジャーク（巻きシャクリ）と呼ばれるものですが、回数に関係なく重要なのはリズム。その人の体格やロッドの長さ、水深などによって多少は違うものの、リズムは一定である必要があります。

ワンピッチジャークはロッドをシャクるタイミングでリールのハンドルを持ち上げるタイプ、ロッドを下げる時にイトを巻き取るタイプの2つがあります。自分はどっち？　と考える必要はありません。実は重要なのはそこではないからです。

実際に1回1回のシャクリをやってもらうと意外なほど皆さんちゃんと出来るのですが、連続となると途端におかしくなります。もちろん慣れは必要ですが、問題はイト絡み。これが怖くてシャクリがうまくいきません。そこでリズムよくシャクるには、ロッドを「どう捌《さば》くか？」が重要です。つまり、一連の動作を行なう際に重要なのは、ロッドの軌道をどうするかだったのです。

具体的な話に入りましょう。シャクリはロッドを寝かせてシャクるタイプと、上に立ててシャクるタイプに分かれます。どちらもできたほうがよいのですが、それはさておき、まずは横から。

横シャクリは、たとえば右手でロッドを持っていたらサオ先は左側に倒します。これでシャクリを入れます。次が重要で、**イトフケを巻き取る時にロッドを少し持ち上げながら巻き取ります**。つまり、シャクッたらそのままティップを戻すのではなく、やや円を描くように上からロッドを元の位置に戻していきます。向かい風で余ったラインは手前に流されていますが、その上をロッドが通り過ぎながら巻き取るイメージです。

実はこれだけですべて解決します。これを真横（水面に対し水平）で行なう時も、ロッドを立ててシャクる時も原理は一緒。極端に言うと回しながらシャクるようなイメージだと分かりやすいかもしれません。これで気持ちのよいシャクリができるはずです。

リズムのよいシャクリの必要性

前項ではリズムのよいシャクリの方法を書きましたが、ではそもそもなぜそれが必要なのでしょうか？

シャクリは餌木を動かすための動作であり、究極的にはイカが釣れればそれでかまいません。つまりどんなシャクリだろうが、イカが釣れれば正解ということになります。にもかかわらずあえて書くということは、意味があるってことですよね？　その意味とは一体なんでしょうか。

オカッパリのエギングでは、ロッドが長かったり、片手でシャクリを入れることがあるため、さほどリズムを意識したシャクリを行なう必要がありません。しかし、船（ティップランエギング）からの場合、リズムのよいシャクリは必須になります。むしろこれができないと、これさえできればというほどリズムのよいシャクリが重要です。「いや、俺は別にできなくても気にしないから」などと言わずに聞いてください。実は、大事なのは道具の話のほうです。

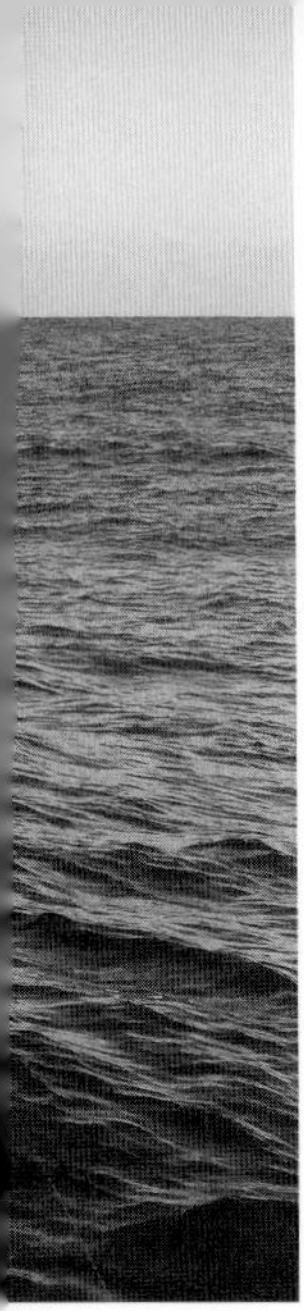

リズムのよいシャクリはトラブルを防止し、それがひいては好釣果にもつながる

ティップランで使用するロッドの特性の1つにソリッドティップがあります。これはアタリをしっかり取るためですが、そこが破損の要因にもなります。つまり、ソリッドティップの場合、リズムが狂うと穂先にラインが絡み折れてしまう可能性が高いのです。どんなベテランでも経験する穂先の「絡み折れ」。これはなぜ起きるかというと、常に向かい風で釣りをするというこの釣りの特性にもよります。すなわちラインが手前側に向かってくるため、ちょっとイトフケが多めに出ると空中のラインを曲がった穂先が捉えてしまい、絡み、そのままシャクリに入ると折れてしまうのです。

リズムのよいシャクリが必須な理由はもう1つあります。オカッパリ用の餌木と違い、ティップラン用の餌木は頭が重いため、リズムが崩れると頭が一旦下を向きます。こうなると次のシャクリでは下がった頭をもう一度上に向ける必要があり、これがかなりの負荷（抵抗）になります。一度や二度ならまだしも、一日中シャクリ続けなければいけないアングラーにとっては大きな負担となり、手首や肘、肩などの痛みの原因となります。

さらにもう1つ（まだあるの？）。シャクリのリズムが悪いと餌木の頭が落ちるとたった今書きましたが、これが実はテーリング（エビになる）の原因になっているのです。テーリングとはカンナにリーダーが絡まった状態のこと。当然釣りになりません。これには餌木の要因も大きいのですが（テーリングしやすい餌木はバランスが悪い証拠）、釣り人側にも責任があります。テンションが極端に張ったり緩んだりすると、専用餌木の特性上、頭が真下を向いたり真上に上がったりします。この時にラインが絡むわけです。大事なのは常にテンションを意識し、シャクリ動作の途中でテンションを急激に変えない必要があります。

このように、シャクリ1つ取っても実はトラブルを回避する要因が大きくいい加減にやってはいけないところだったんですね。

ドラグを締める！

あなたのドラグ、緩くありませんか？

ドラグを調整するとは書かずに、あえて「締める」と書いたのには大きな理由があります。中級者、時には上級者でもドラグが緩いアングラーはたくさんいます。

よく、「シャクッたらイトが出るか出ないか」くらいにドラグを設定するとよいとされますが、あえて言うなら船ではこれは間違いです。そもそもシャクッた時にドラグを利かせるメリットがありません。ドラグを緩めた状態でシャクリを入れると、たとえば10の力でシャクッても6か7の動きしかしません。水深が深くなればなるほどその傾向が強くなります。シャクリは餌木を動かす動作ですが、動かしたいのにドラグを緩めてしまっては本末転倒。ドラグが緩くては動かしたくても動かせません。あまり動かしたくなかったらシャクリを弱くすればいいだけなのです。

では、ドラグを緩める意味は何でしょう。えっ、身切れを防ぐため？　それ本当ですか？　実はドラグが緩くても、アワセのような瞬間的な力が加わると身切れは防げません。現に、ドラグが緩くても身切れをするアングラーはかなりいます。こういう方はほとんどがアワセのタイミングが悪いか、目一杯合わせすぎ。アワセはクイックかつコンパクトです。力はいりません。つまり、こと白系のアオリイカに関しては、ドラグを緩めるメリットはどこにもないのです。しっかりシャクッてもイトが出ないように締めておきましょう。具体的には800～1000g前後が妥当です。

ドラグを緩めた状態
10の力
水深が深く
なればなおのこと
動かないね
?
ピッ
ピッ
ピッ
6か7の動き
ドラグ800～1000g前後
10の力
シャクッても
イトが出ないぐらいで
ビュン
10の動き
ビュン
ビュン

3つのアンダーハンド・キャストをマスターしよう

ティップランは基本的に下に落とすだけの釣りですが、風が吹かず、潮も止まった状態では船が動きませんので下に落としても餌木は同じところを行ったり来たりするだけです。しかしいくらシャクリやステイが上手でも、イカのいないところでは釣れません。遊漁船の場合、釣り座は決まっているので、この状況ではいかに広く探るかが釣果アップのポイントとなります。そのためのスキルとしてキャストが重要となります。ただし、オーバーハンド・キャストをすることは乗船者同士のケガ防止やタックル破損防止の観点から100%ないと言い切ってよく、そのためアンダーハンド・キャストを覚える必要があります。

アンダーハンド・キャストの方法は2つ。1つはトップガイドぎりぎりまで餌木を巻き、サオの弾力を使って投げるもの。もう1つはロッドハンドと反対の手で餌木を持ち振り子のように前に投げるもの。後者はサオ先が柔らかい専用ロッドでは意外とうまくいかないので、チョイ投げ以外ではやらないほうがよいでしょう。餌木がくるくる回ってカンナに引っ掛かるだけです。そこで前者のキャストが重要になります。しかもそれなりの飛距離が必要です。具体的には、最低でも20mは投げられるようにしてください。逆にいうと、それだけ投げないとあまり意味がないということです。

遊漁船などで船長が「船動かないのでキャストしてください」とアナウンスしても、全く投げる気配のない方がいます。足元のポイントはすぐにつぶれてしまうので、投げられるならどれだけ遠くにキャストして頂いてもかまいません。ミヨシ、トモに入った方はサイド気味にフルキャストできるようにキャストを磨きましょう。

キャスト時のタラシの長さはこれくらい

投げ方は3種類。両手キャスト、内側からの片手キャスト、外側からの片手キャストの3つです。乗船時の隣のアングラーとの間隔次第でキャストできるスペースが異なります。ぜひ3つともしっかり覚えて、まっすぐに投げられるようになってください。

両手キャスト

片手キャスト
内側

1

2

3

片手キャスト 外側

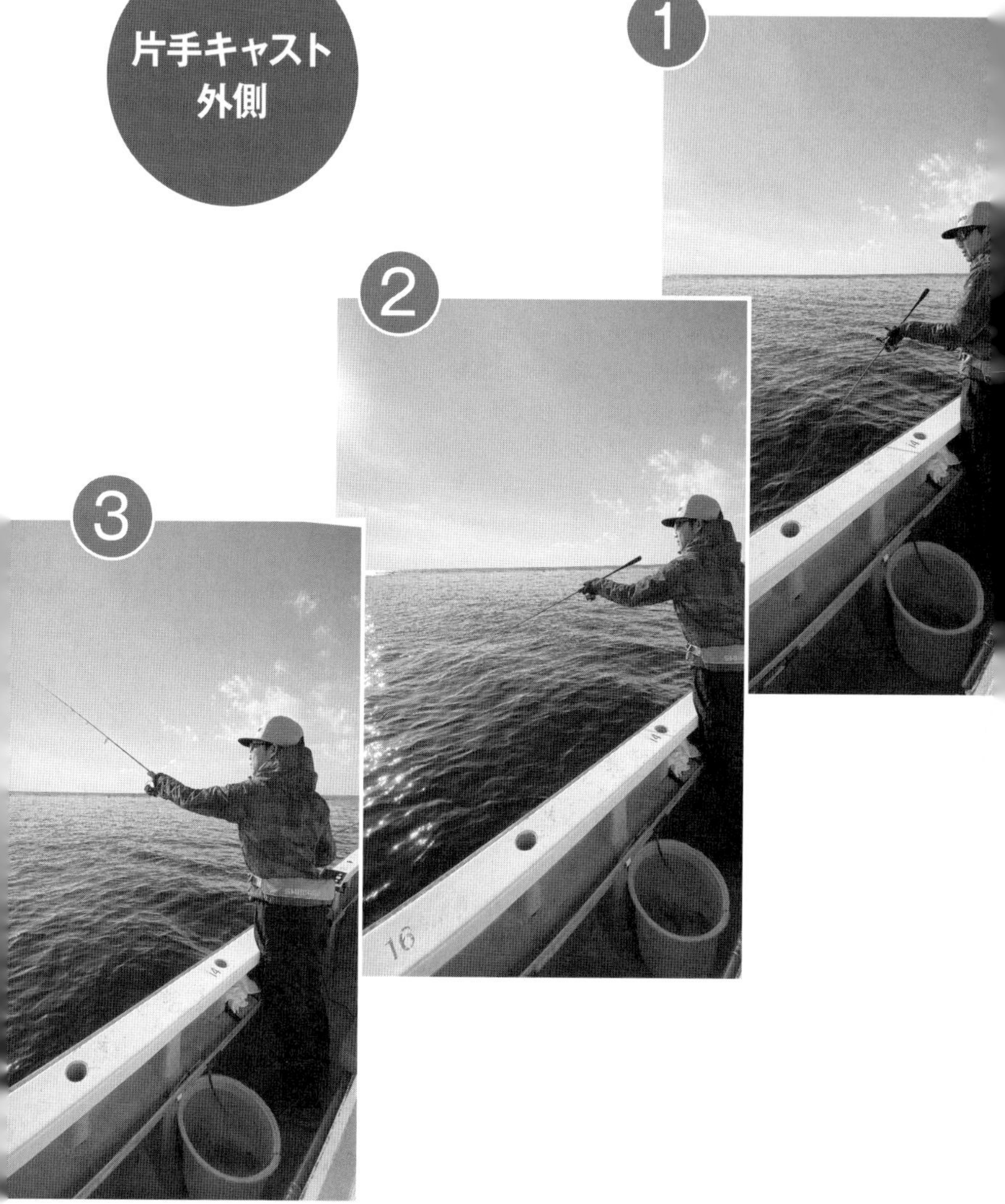

着底を把握する

「実は着底が分からないことがけっこうあります。風が強く吹いている時とか、潮が速い時とか。恥ずかしくて聞けないのでなあなあでやっているのですが、上手な人は常にきっちり着底を把握しているんですか？　そもそも着底ってしっかり取らないといけませんかね？　もしそうなら対処法ってありますか」

初級者レベルを脱し、ちょっと釣りを覚えてくると意外と恥ずかしくて聞けないのがこの質問です。

結論からいうと、着底の把握は重要です。必要ではなく、重要です。なぜ重要か？　これはしつこく書いていますが、アオリイカは基本的に底付近に生息しているため、タナがボケるとまず釣れません。しかも、それでは何をやっているか分からないので、たとえ釣れたとしても再現性がなく、いわゆるマグレで終わってしまいます。上級者と中級者の決定的な違いはこのマグレをいかに減らすか（要するに釣るべくして釣る）なので、ここは何が何でも着底を把握しなければいけません。

その方法ですが、一番簡単なのは餌木を重くすること。これが第1段階。底が取れない餌木を使うのはそもそもＮＧです。ラインの出し方もいろいろですが、それぞれが底取りしやすい方法でいいと思います。

ただ、第1段階と書いたのは、ここから先があるという意味です。たとえば水深15ｍでシンカーと合わせて70ｇくらいの餌木を使っている方がいます。理由を聞けば、「深いところもやるので交換が面倒だから」。確かにこれなら浅いところから深いところまで底は取れます。が、イカは釣れない、もしくは根掛かり多発でしょう。

中級者以上になりたいのであれば、その水深、その状況にあった餌木を選択することが重要です。餌木を重くすればとりあえず大丈夫と考えるのではなく、底が取れなくなったら重い餌木に交換する作業を加えるだけで、釣れるイカは必ず増えます。またその都度状況判断が必要になるので技術も上達します。この、いちいち餌木の交換を判断することが海の状況を読むことにもつながり、いち早く状況に適応することが出来るようになっていくのです。常に底を意識し、着底をしっかり取る癖を付けましょう！

着底を放置しない

意外と多いのが、餌木が着底してもすぐにイトフケを取らない方。海底に餌木を置いておけば、当然、根掛かりのリスクも増えます。そこで着底後は速やかにイトフケを取ってシャクリに入らないといけません。しかし、実はそれだけではありません。ここまでは初級者向けのお話です（といっても中級者でも出来ていない方はけっこう多いのですが）。その先の技術として、着底を早く感知し、すぐにシャクリの動作に入ることには大きな意味があります。アオリイカは着底後の餌木にだけ反応しているわけではないからです。

アオリイカは落ちてくる餌木をしっかり見ています。そしてそれをエサと認識すると落ちていく餌木に近寄って行きます。着底後、そのまま抱くのがいわゆる着底抱きです。

ちょっと話は逸れますが、実は着底抱きの場合、餌木の頭は下を向いた状態なので腹の部分を抱くことが多く、いわゆる横抱きになりがちです。このためイカが大きいとカンナに掛からず、何度かグイグイと引きがあった後にバラすことがけっこうあります。着底後に餌木を置いたままの時間が長くなると、しっかり抱き込むことによってカンナが掛からないのです。このため、僕は着底後は素早くイトフケを取り、１回「スパンッ！」とシャ

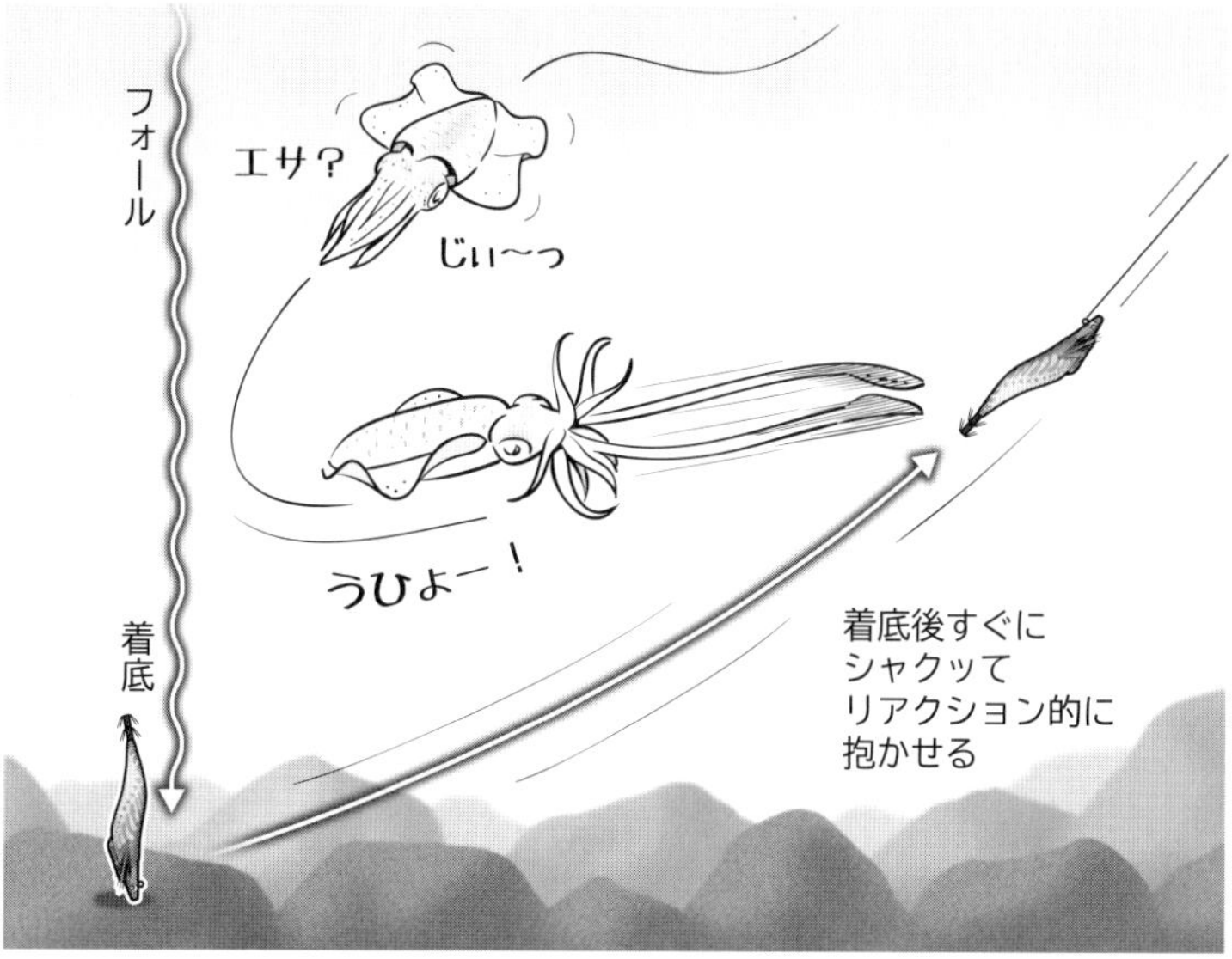
フォール
エサ？
じぃ〜っ
うひょー！
着底
着底後すぐに
シャクッて
リアクション的に
抱かせる

クリを入れてから通常のシャクリに入ります。これは着底抱きがあった場合に瞬間的にカンナを掛けるためと、沈下していく餌木を落ちてきたゴミではなくエサと認識させるためです。

話を戻しましょう。アオリイカは餌木が落ちてくる段階でかなり興味を持って近づいて来ています。そこですぐにシャクリの動作に入るとイカにスイッチが入りやすく、リアクション的に抱かせることも可能です。瞬間的に反応するのはフィッシュイーターの特徴でもあるので、このようなちょっとした動作、コンマ数秒の違いが釣果に影響すると考えてください。

すべてのアタリは穂先に出る

イベントなどでおそらく一番たくさん質問を受けるのがこのアタリの話。取材でも一番聞かれます。特にロッドの話になった時に、「目感度」「手感度」の話になることが多いのですが、この2つをしっかり分けて考えられている人が非常に少ないのが問題です。

2つの感度を説明するとこんな感じです。目感度とはサオ先の動きを目で見る感度のことです。一方、手感度とは手元に伝わる伝達系の感度です。では、どちらが情報が伝わるのが早いでしょうか。目で見るのが早いのか？　手に伝わるのが早いのか？　答えは簡単、目で見るほうが早いです。しかし、なぜか手感度を強調するアングラーがいるのも事実。実はここにはサオの特殊性があるので分かりにくく、また混同されているのです。

まず前提として理解しなければいけないのが、ティップラン専用ザオが、「ソリッドティップのような非常に柔らかく繊細な穂先を使っている」ということです。いわゆるパッツン系と呼ばれる穂先まで硬いサオは、ティップが曲がらずにサオ全体でアタリを受け止めるため、手感度が優位になります。しかし、サオ先が柔らかい場合、金属的な情報は穂先が吸収してしまい、小さすぎる情報が伝わりません。これは物性上の特徴なので変な理

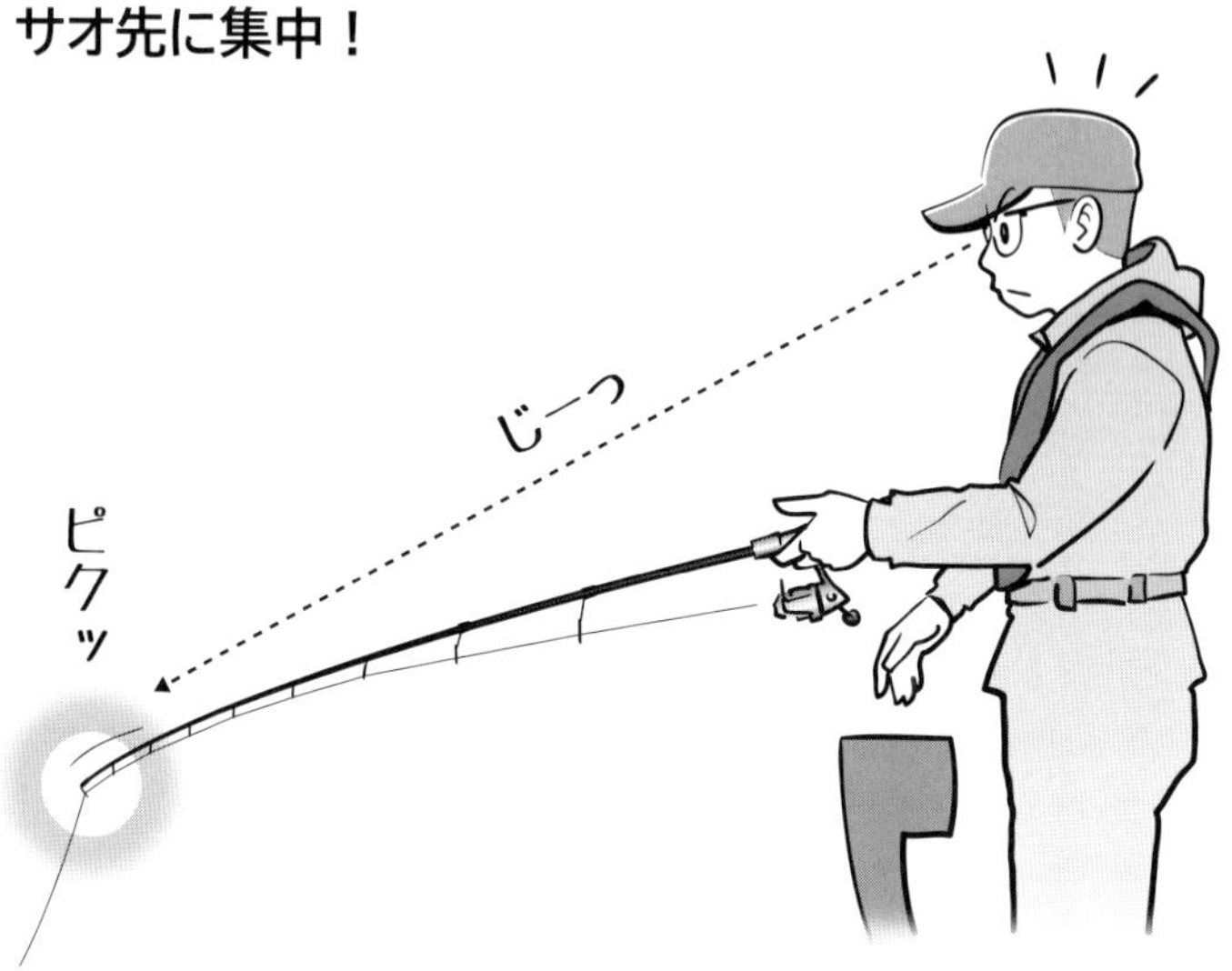

屈をこねる必要がありません。

また、イカの場合、触腕2本で触るような金属的なアタリだけでなく、非常に小さいアタリとして、柔らかく抱き込むようなアタリを出す場合があります。いわゆる居食いというやつです。これを波の波長と違う動きをするサオ先の動きとして知覚するには、実際にサオ先の動きを「見て」捉えるしかありません。すべてのアタリは穂先に出ます。

アタリを捉えることがすべてといっていいこの釣りで、アタリを待つ間によそ見をしているアングラーがいるとすれば、その方は例外なく中級者以下といえるでしょう。大事なのはあなたの目です！

アタリとは別の感度を見極める

これは目感度のさらに先の話になります。実は次のステイの項にもつながるため実際のアタリとは少し別の、むしろアタリを出すまでの過程の話です。

ちょっと難しい話になりますが、アタリを待つ間、同じ重さの餌木を使っていても重く感じたり軽く感じたりすることがあります。これが潮流です。潮が止まっている時は軽く感じますし、潮が利いていれば重く感じるでしょう。また、船と風が同調している時はステイ中も餌木が軽く感じられるかもしれません。実はこの感覚が重要です。

オカッパリと違い自分の足元が常に動く船は、一体船がどこに向かって走っているのか、どれくらいのスピードなのかも分かりづらいものです。このため、とにかく数をこなしてひたすらシャクるしかないのですが、その一連の反復動作をずーっと繰り返していると、ステイ時の餌木の重さが変わるのが分かります。これは感覚的なものなので文章で説明するのはかなり難しいですが、餌木に引っ張られるテンションを常に意識して感じるようにしておくと、潮が動き出すタイミングであったり、止まるタイミングを感じることができるようになります。またその時のステイだけ、やけに潮を噛《か》むなんてことも感じられるよ

ステイ時はサオ先に集中！

うになってきます。この潮を感じられる時はステイ時間も長くなりますし、逆にスカスカの時は早めに餌木を軽いものに交換したりします。

　実はこれらのすべてがサオ先を含めたロッドから伝わる情報で、アタリとは別の感度ということになります。皆さんも常にその感度を感じられるようにステイ時は集中してくださいね。

上級者はステイの間に何を感じ、考えているか

前項からの続きになりますが、ステイで待つか待たないか（たとえば3秒にするか15秒にするか）は非常に重要です。しかし、この秒数を何秒にするかなどについて、どこにも答えが書いてありません。これはなぜか？　よく考えてみてください。オカッパリでは、餌木はどれだけシャクリを入れてもフォールしながら手前に寄って来るのでいつかは着底します。このため待つ時間を考える必要がありません。一方、船はほとんどの場合がステイ時に浮き上がっていることが多く（これを知らない人も多い）、よほど重い餌木を使わない限り着底しないため、どこかで落とし直しが必要になります。ここがオカッパリとティップランの大きな違いなのですが、船の場合勝負を急ぐアングラーが多く、待ち時間が短い傾向にあります。ただ、だからといっていつも長く待てばよいわけではないのも事実。ではこの船独特のステイ時間を上級者はどう判断して決めているのかと知りたくなるのですが、重要なのはやはり感覚なんですね。

なんだよ、そんなことかよと思われるかもしれませんが、ちょっと聞いてください。実はティップランは反復運動の繰り返しの釣りです。深かろうが浅かろうが、シャクッて止

めるだけのシンプルな釣りです。なのに釣果に差が出るのはなぜでしょう。これはその反復運動をどれだけ正確にこなしているかで、ステイさせた時に、「通常このサイズの餌木ならこれくらいの抵抗を感じるはずなのに軽く感じる（あるいは重く感じる）」など、反復運動だからこそ分かることがあるからなんですね。

初級者にはこんな難しい話をしても「？？」になるだけですが、ある程度上達してくるとイカが釣れそうな雰囲気などを感じ取れるようになります。ステイしている時に引っ張られる感じがあれば、潮に餌木が乗っているなとか、そこそこ風があるのに一緒に餌木が手前に寄ってきているなとか、こういった潮に餌木が乗っている感じが分かるようになればステイの時間を長くすることは有効です。いわゆる「餌木が潮を噛んでいる」状態です。

一方、潮が動かずシャクッてもスカスカ、ステイさせてもスカスカであれば、ステイ時間を短くして手返しよく打っていくこともありますし、逆にスカスカだからこそじっくり見せて抱かせようなどとも考えたりします。

このように、餌木から伝わる情報がしっかり分析できるようになれば、ステイを長くしたり短くしたり、考えながら変えることが出来るようになるのです。

月別のねらい方

ティップランでねらう時期は9月の新子シーズンに始まり、深場に落ちる冬に終了します（アカイカ系アオリイカはシーズンがずれるのでここでは割愛します）。それぞれのシーズンごとに釣り方を解説しましょう。

9月（超高活性期）

春に生まれたイカは急激なスピードで成長し、活発にエサを追い回します。いろんなものに興味を示すのもこの時期で、いわば最もイージーな季節ともいわれます。エリアにもよりますが、サイズ的には10㎝そこそこの新子が見え始め、9月末には胴長20㎝、500gを超えるまでに成長します。シーズンスタート時はイカがかなり小さいため、オカッパリでは2・5号、3・0号の餌木でねらうアングラーもいます。

しかし、こと船においては少し待てば3・5号で抱かせることが出来る型に成長するので、餌木のサイズは落とさないほうがよいでしょう。餌木のサイズを小さくすると、小さなイカは釣れるのですが、ここにたいした技術は存在しません。単に餌木が小さいからアタックしているだけなので、アングラーの技術が上達しないのです。むしろその時期でも

3・5号を使っているアングラーのほうがシーズン後半でもしっかり釣るようになります。明らかに自分より大きな餌木を抱かせるには、中途半端な技術では難しいからです。シャクリ、ステイなど、ひとつひとつの動作に淀みがないか、ステイはブレていないかなど、シーズン初めにしっかりやっておけば冬のシーズンまで充分な釣果を残すことが出来ます。

9月はしっかり基礎を固める時期でもあるわけです。ここをおろそかにしてイージーな釣りに流れてしまうと、毎年中級者で終わることになってしまいます。ちなみに僕はこの釣りを考え出した時、4・0号の餌木しか使いませんでした（今は4・0号が使われることはほとんどなくなりましたが）。当時はまだ沈下スピードが速い餌木がなかったため、より重い4・0号を使っていたのです。このおかげでかなり鍛えられたと感じています。9月に4・0号を使うのは当時エギング＝オカッパリが主流だったことを考えても異質だったといえるでしょう。こういったチャンレンジがより技術を磨いてくれるのですね。

10月（高活性期）

平均サイズがグッとよくなり、より活発に餌木を追いかけるようになります。型も数もよいため、餌木のサイズに囚《とら》われることなく、誘って楽しい、掛けて楽しい、食べてうれしい最高の時期といえます。約100gから1kgまで混ざり合い、アタリの大小を体感できるよい時期といえるでしょう。

この時期は全国各地でシーズンインしており、情報量も豊富になります。釣り方そのものに大きな違いがなくても釣果が得られやすく、初級者~中級者でもしっかりと楽しめます。ただし、数の差が出やすいのもこの時期です。突然の食い渋り、活性低下もよく起きるため、日によっては釣果が大きく開くことがあります。この時点で、もしあなたが明らかに自分の釣果が同船者に比べてよくないと感じたら、間違いなく自分の釣りを見直す必要があります。「たまたま悪かっただけ」「今日は手が合わなかっただけ」「釣り座が悪かっただけ」と逃げていては上級者にはなれません。改めて基本の基を見直し、投入から着底、シャクリ、ステイ、回収のタイミングなど、ひとつひとつの動作をしっかり行なうようにしてください。

11月（移行期）

この頃になると徐々に水温が低下します。10月の雰囲気を残しつつ、朝晩の冷え込みが強くなり船の上では冬を意識する季節といえます。ただ、海の中はいきなり変わるわけではなく徐々に冬に向けて進行していきます。そして季節が変わる変換点があります。それが木枯らし1号です。これを境に海は冬へと変わっていきます。サイズはよくなりますが、深場に落ちるアオリイカも多く、シャローエリアよりもディープエリアでの釣りが増えて来ます。

こうなると、シャローエリアではあまり目立たなかった技術的な差が一気に現われます。食い渋りとディープエリア。この2つの要素が重なり合う低活性の日と、秋を引きずった高活性の日が入れ替わるように訪れるため、ある日は釣れてみたり、またある日は1杯も釣れなかったり（でも上級者は釣れている）、自分の実力がよく分からなくなります。ここでしっかり釣果が出せるアングラーが上級者といっていいでしょう。状況の変化が激しい11月は朝マヅメだけ調子よく釣れて、日が昇ってから一気に食い渋りとなり、ダメだとあきらめるパターンがほとんどです。高活性なのか？　低活性なのか？　はたまた今日の季節はまだ秋なのか？　冬なのか？　状況を見極めないと「今日は渋かった」の一言で終わらせることになってしまうのです。同じ船に乗っていても、「釣る人は釣る」。あなたが釣る人になるには、その状況を読む力を身に付けなければいけないのです。

12月以降～（厳冬期）

12月になると海の中も陸の上も温度が一気に下がり厳冬期に入ります。水温低下と共に、アオリイカは捕食中心の生活から体力を蓄えるための生活に変化していきます。具体的には9月、10月ほど活発にエサを追うことは少なくなり、より海底付近の身の安全が確保できる場所に陣取るようになります。水面付近まで追いかけてくることはまずなく、よりタナがシビアになります。

このため、たとえば秋の高活性の時期に底取りも中途半端、何度もシャクリ上げて釣れていた人にはアタリすらない状況が生まれます。また、ドラグが緩く、餌木をしっかりと動かせずエサとして認識させることが出来ないアングラーは反射的にイカに口を（腕を？）使わせることが出来ません。これは北風が強くなり、船の動きが早くなるとライン放出量が増え、また水深も深いエリアにイカが溜まりやすいため、しっかりシャクれないアングラーの餌木がほとんど動いていないからです。

しかも、底取りが中途半端であったり、シャクリ上げすぎていれば、イカのいるタナに餌木がない、あったとしてもエサとして認識されない、そもそも餌木のステイが中途半端……など、すべての要因が絡み合い結果として釣果に結びつかない状況に陥ってしまいます。

こうなるとアドバイスは難しく、今挙げたような要因がすべて絡み合っているため結局はひとつひとつ修正しなければならないという、回り回って基本の基に戻らざるを得ないことになるわけです。

厳冬期に釣果が伸びない理由が分からないという方は、初心に返って一から確認するとよいでしょう。

どてら流しとスパンカー流しの違い

基本的な釣り方はお分かりかと思いますが、復習もかねてしっかり頭に入れておいてください。まず、どてら流しの場合、着底直後から3～5mシャクリ上げステイ。アタリがなければシャクリ上げるのではなく、ふたたびフォールでしたね。これを2～3回繰り返し、アタリがなければ回収して再度投入します。これが一般的などてら流しの釣り方。

では、スパンカー流しではどうするか?

まず、スパンカー流しの特性を知る必要があります。主にスパンカー流しをする理由は2つ。1つは風や潮が強い場合。これは船がポイントの上を風が強すぎて、もしくは潮が速すぎてすぐに流れてしまうため。また、どてらで流すとスピードが速くなりすぎてイカが追いきれないためです。特に追いが悪くなる冬に強い傾向があります。

2つめは水深が深くて潮が速い場合です。水深40m以上になると思ったポイントに餌木を落としにくいため、深場のピンポイントねらいではスパンカー流しのほうが有利な場合もあります。それから、たくさん人を乗せたい場合。これは釣りというより船の都合になりますが、スパンカー流しは両舷で釣りができるため、乗船人数は単純にどてら流しの倍になります。また、中オモリの釣りは基本的にスパンカー流しのため、その船で釣りをする時は、どてら流しにはなりません。

では、流し方の違いによって釣り方に違いはあるのでしょうか？

スパンカー流しの場合、常に船の真下にラインが入ります（そうなるように船長さんが操船します）。このため、底取りもしやすく比較的軽い餌木でも釣りが成立します。餌木は船の真下で上下させることになります。どてら流しのように、ラインがどんどん出て行くことは少ないので（潮が速いとどんどん出て行きますが）、回収する手間は少ないのですが、問題は使うタックルです。具体的にいうと、ロッドは短いほうが絡みにくく破損が少ないです。7フィートを超えるとかなり長く感じてしまうので6フィート台くらいがよいでしょう。また、船が風に対して正面を向いたまま流れるので、ポイントには複雑な入り方をします。風と潮が同調している時は船尾からポイントに入ります。風と潮が逆の場合船首からポイントに入ります。ただし、潮が弱ければ船尾側に押されますし、逆に風が弱ければ潮に押されて船首側へ押されて行きます。さらに潮が横になって来ると船が横へスライドするような動きになったりなど、スパンカー流しの場合、船はかなり複雑な動きになります。

船の選び方

現在、ティップランを謳《うた》う遊漁船は全国的にも増え続け、アオリイカが釣れるエリアであれば遊漁船に乗ることはそう難しくない時代になりました。その中で、よい船の選び方、見分け方も重要になってきます。

どてら流しがメインのため、操船は実に簡単です（操船しないわけですから）。しかし、操船しないがために流し方、流すラインを間違えるとポイントをつぶすことにもなりかねません。イカが魚と違う最大の問題はスミを吐くということです。イカがスミを吐くと瞬間的に活性が上がることがあります（これが連発する要因ですね）。しかし、スミ＝擬態＝危険信号でもあります。このため、スミを吐いた瞬間以外は一気に警戒モードに入ります。つまり、同じラインを流しても先ほどの爆釣は味わえません。間違いなく次の流しは釣果が落ちます。もう一度流す程度ならいいのですが、何度もしつこく同じラインを流し続けるようでは、その船長はイカの習性を理解していないと思われても仕方ありません。ポイントは常に新鮮な場所を選ぶ船がよいでしょう。

水深をアナウンスしてくれる船はありがたいです。探見丸搭載船なら自分で確認できますが、水深の変化、底質などによって使用する餌木の重さは変えるべきなので、その都度海底の状態（カケアガッていくのか？　下がっていくのか？　根は荒いのか？　フラットなのかなど）をアナウンスしてくれると助かります。

もう1つ、一番大事なのが相性です。この釣りも他の釣りと同じくリズムが重要になります。移動のタイミング、船の流れ方、船長の性格など、いろんな面でリズムが合う船長の船で釣行を重ねるとよいでしょう。ただし、先に挙げた条件をしっかり満たしている船であることも重要です。

探見丸搭載船なら自分でも水深把握がしやすい

イカを美味しく食べるための持ち帰り方

イカは魚と違って血抜きをする必要がありません。ですから基本的には魚ほど難しい感じはしないのですが、そのせいか扱いがかなり雑に感じられる方を見かけます。新鮮なはずのイカが、持ち帰ってクーラーを開けたらちょっと臭ったりしたことありませんか？釣りたてなのに……。実はここにも問題があって、重要なのは温度管理。といっても難しい話ではなく、クーラー内での保存方法です。意外に思われるかもしれませんが、船にイケスがある場合が問題です。

イケスがない船は、釣りあげたらそのまま死ぬまで放置でかまいません。10分ほど放置して、水がしっかり抜けたらあとはクーラーに入れます。最近ではクーラー収納用のトレーも発売されて管理もしやすくなっています。釣りあげたイカから随時トレーに並べていけば、家に着く頃には余計な水分も抜けてきれいな状態になっています。

一方、イケスがある場合は要注意。たいていは港に着くまでイカを生かし、最後にまとめてクーラーに入れるわけですが、1、2杯と数が少なければよいのですが、多いと大きな問題になります。しかもまとめてジップバッグに入れようものなら……イカは魚と違い

この美味しさは釣り人の特権

必殺イカそうめん

袋に入れると隙間ができません。パンパンになるまで入れる方がいますが、すると袋の中心にいるイカが冷えないのです。角氷1つだけのクーラーにジップバッグに詰め込んだイカを乗せても冷えるわけもなく、家に着く頃には茹《ゆ》で上がった臭いイカの出来上がりです。

大事なのはしっかり冷やすこと。そもそもイカは釣りたてが一番味がなくて美味しくないので、しっかり寝かせる必要があります（見た目の透明さや歯ごたえは別）。ここでは美味しく食べるためにどうするかなので、しっかり冷やすことを重視するためには生きたイカを一気にクーラーに入れるのではなく、少しずつ入れていくとよいでしょう。そして、ジップバッグを使用する時はイカが重ならないようにぜいたくに袋を使用します。そして全体に冷気が行き渡るようにクーラーを氷水で満たし、その中に漬けるようにすれば全方面から冷気が行き届き、しっかり冷やして持ち帰ることができます。

イケスがある場合は沖上がり前にしっかりとイカの水を抜いておくこと。港に着いてからでは遅いと知るべし！

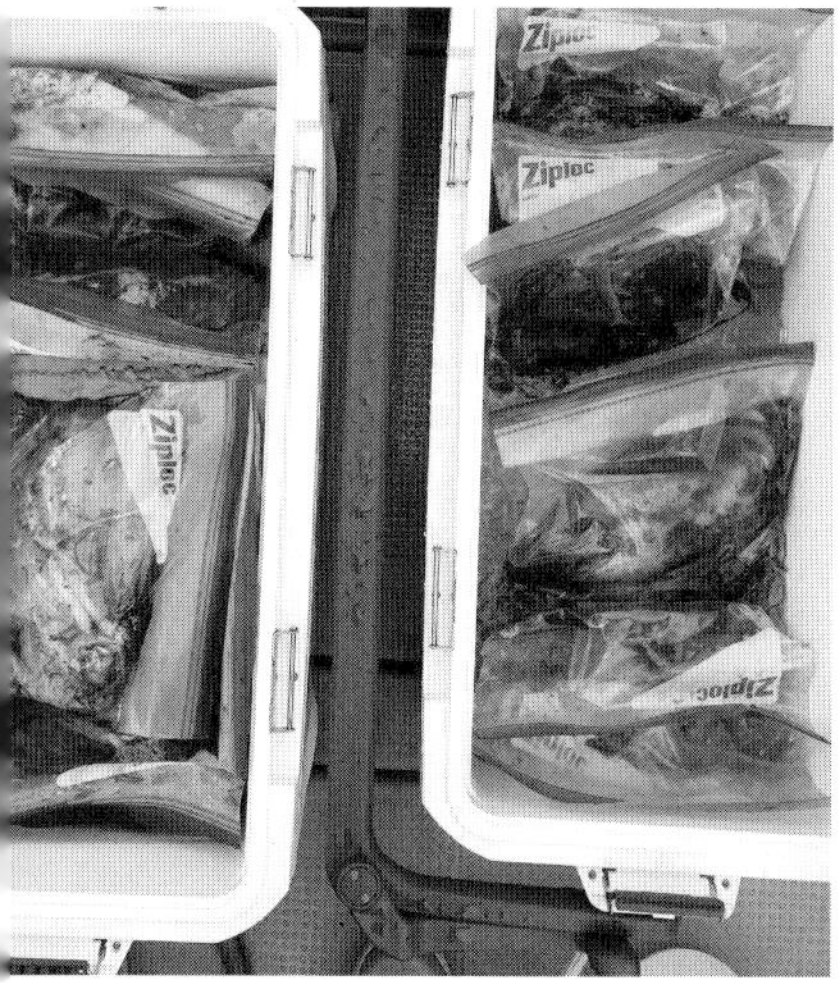

ジップバッグを使う場合はイカを詰め込みすぎないことと、氷水でしっかりと冷やすこと

トレーを利用するのもいい

著者プロフィール
富所　潤（とみどころ・じゅん）

新潟県出身。神奈川県在住。

幼少のころから実家の『つり具のトミー』で育ち、釣りを楽しむ。

その斬新な発想と、「いかに楽しく釣るか」を追求しイカをたくさん釣るところ、また医師の肩書を持つことから“イカ先生”の愛称で多くのファンに親しまれる。

イカを求めて日々、全国・世界を駆けまわる。

エギング超《ちょう》思《し》考《こう》法《ほう》

2020 年 4 月 1 日発行

著　者　富所　潤
発行者　山根和明
発行所　株式会社つり人社

〒101－8408　東京都千代田区神田神保町１－30－13
TEL 03－3294－0781（営業部）
TEL 03－3294－0766（編集部）
印刷・製本　図書印刷株式会社

乱丁、落丁などありましたらお取り替えいたします。

ISBN978-4-86447-343-9 C2075

つり人社ホームページ　https://www.tsuribito.co.jp/
つり人オンライン　https://web.tsuribito.co.jp/
釣り人道具店　http://tsuribito-dougu.com/
つり人チャンネル（You Tube）　https://www.youtube.com/channel/UCOsyeHNb_Y2VOHqEiV-6dGQ